KB247982

사람과 세상을 살리는
녹색병원 이야기

사람과 세상을 살리는
녹색병원 이야기

**사람과 세상을 살리는
녹색병원 이야기**

제1판 제1쇄 발행일 2025년 11월 13일

글 _ 배성호
기획_ 책도둑(박정훈, 박정식, 김민호)
디자인_ 정하연
펴낸이_ 김은지
펴낸곳_ 철수와영희
등록번호_ 제319-2005-42호
주소_ 서울시 마포구 월드컵로 65, 302호(망원동, 양경회관)
전화_ 02) 332-0815
팩스_ 02) 6003-1958
전자우편_ chulsu815@hanmail.net

ⓒ 배성호, 2025

ISBN 979-11-7153-038-0 43330

철수와영희 출판사는 '어린이' 철수와 영희, '어른' 철수와 영희에게
도움 되는 책을 펴내기 위해 노력합니다.

녹색병원 이야기

배성호 글

철수와영희

'풀빵 나눔' 정신으로 함께하는
녹색병원 이야기

병원하면 어떤 모습이 떠오르나요?

하얀 벽, 소독약 냄새, 긴 복도와 바쁜 의료진 등 낯설고 무거운 분위기가 먼저 떠오릅니다. 그런데 이런 느낌과는 다르게 정겹게 다가오는 병원이 있습니다. 바로 녹색병원입니다. 이곳은 아픈 몸을 치료하는 데 그치지 않고 환자의 마음과 일상, 일터의 안전까지 함께 돌보며 사람과 사회 전체를 따뜻하게 보듬고 있거든요.

녹색병원의 시작은 1980년대 원진레이온 공장 사고 당시로 거슬러 올라갑니다. 그곳에서 일하던 사람들은 독성 물질에 노출되어 신경이 손상되는 등 큰 고통에 시달리다 목숨까지 잃었습니다. 하지만 당시는 '직업병'이라는 개념조차 낯설었습니다. 같은 시기, 청소년 문송면은 공부를 이어 가기 위해 서울의 공장에서 일하다가 수은 중독으로 목숨을 잃었습니다.

이런 상황에서 노동자들과 시민, 의료진이 함께 힘을 모았습니다. 다시는 같은 일이 반복되지 않도록 하자는 간절한 바람으로 원진재단을 만들었고, 그 정신은 한 걸음 더 나아가 병원 설립으로 이어졌습니다. 돈이 없거나 차별 때문에 병원 문턱에서 돌아서는 일이 없도록, 누구에게나 활짝 열린 병원이 만들어진 것입니다.

녹색병원은 공간부터 특별합니다. 가장 전망 좋은 자리는 원장실이 아니라 환자의 재활을 돕는 치유 공간입니다. 복도와 병원 곳곳에 전시된 따뜻한 예술 작품들은 편안함을 선사합니다. 서울시 중랑구의 병원 자리는 1979년 농성을 벌였던 YH무역 여성 노동자들의 발자취가 남아, 과거가 현재를 구할 수 있다는 점을 생생하게 보여 줍니다. 녹색병원은 겉으로 드러난 증상의 치료에만 머무르지 않고 병의 근본 원인을 제대로 살피기 위해 노동환경건강연구소와 함께해 왔습니다. 현장의 생생한 목소리를 모아 제도와 정책을 바꾸려는 노력은 지금도 계속되고 있습니다.

녹색병원을 움직이는 힘은 '풀빵 나눔' 정신입니다. 전태일은 열악한 노동 현실을 사회에 알리고자 자기를 희생한 청년이었습니다. 어린 여성 노동자에게 차비를 아껴 마련한 풀빵을 건넸던 그 마음이, 오늘날 환자와 가족을 향한 세심한 배려로 이어지고 있습니다. 진료비 부담을 덜어 주고 생활의 사소한 불편까지 살피는 마음이 이 병원의 일상입니다.

녹색병원은 전태일의 이름을 담은 전태일의료센터를 세워 일하는 사람들의 건강과 권리를 더 넓고 깊게 지키려는 새로운 도전에 나섰습니다. 과거의 희생을 기억하고 오늘의 실천을 이어 가며, 내일의 희망을 키워 나가는 의미 있는 발걸음입니다. 녹색병원의 특별함은 EBS 다큐멘터리를 비롯한 여러 언론 보도를 통해서도 널리 알려졌습니다. 수많은 사례가 소개되며, 많은 사람이 이 병원의 진정한 모습을 알아 가고 있습니다.

이 책은 녹색병원의 소중한 발걸음과 꿈꾸는 미래를 차곡차곡 담았습니다. 과거의 아픔을 딛고 희망을 세우며, 미래를 준비하는 이야기가 장마다 펼쳐집니다. 책장을 넘기다 보면 병원이 치료 공간을 넘어 더 나은 세상을 함께 꿈꾸는 특별한 곳임을 자연스레 느끼게 될 것입니다. 여러분의 시선과 마음이 이 여정에 보태지는 순간, 오래된 꿈은 오늘의 현실이 되고 그 현실은 다시

내일의 씨앗이 될 거예요. 그럼, 녹색병원과 함께 새로운 발걸음
을 시작해 볼까요?

배성호 드림

5장 ● 차별 없는 의료를 향하다
🎈 녹색병원의 숨은 영웅들 이야기

인권과 의료의 사각지대에 놓인 사람들

청소년 노동자 문송면과
원진레이온 이야기

꿈 많던 청소년,
문송면을 아시나요?

매년 6월의 마지막 주 일요일, 경기도 남양주 모란공원에는 많은 사람이 모입니다. 1988년 안타깝게 숨진 청소년을 비롯해, 일터에서 병들고 목숨을 잃은 분들을 기억하고 추모하기 위한 자리입니다. 널리 알려지지 않았지만, 공원에는 대한민국 산업재해의 실상을 알리고 변화의 물꼬를 튼 청소년이 잠들어 있습니다. 바로 문송면입니다.

문송면은 1973년 충청남도 서산의 작은 시골 마을에서 태어났습니다. 또래 친구들과 어울리기를 좋아하는 평범한 중학생이었시만, 집안 형편이 어려워 고등학교 진학을 앞두고 고민이 많았습니다. 그러던 중, 서울의 한 온도계 제조 공장에서 '현장 실습'

산재로 사망한 노동자들을 추모하기 위해 경기도 모란공원에 모인 시민들(2025년 6월).

명목으로 일할 기회가 생겼습니다. 낮에는 공장에서 일하고 밤에는 야간 학교에 다닐 수 있다는 말에, 문송면은 희망을 품고 서울로 올라왔습니다.

문송면이 일한 곳은 서울 영등포의 한 온도계 제조 공장이었습니다. 공장에서는 체온계를 만들기 위해 수은을 사용했어요. 문송면은 시너로 제품을 닦고, 온도계에 수은을 주입하는 업무를 맡았습니다. 하지만 회사는 수은이 인체에 미치는 위험성을

제대로 알리지 않았고, 마스크나 장갑 같은 기본적인 보호 장비
도 지급하지 않았어요.

일을 시작한 지 한 달도 지나지 않아, 문송면은 온몸에 통증과
두통을 호소했습니다. 당시에는 피로가 쌓여서 그런 것으로 생
각했지만, 증상은 점점 나빠졌습니다. 손발이 떨리고 집중력이
떨어지다 결국 이듬해 3월에는 병원에 입원했습니다. 처음에는
원인조차 몰랐습니다. 알고 보니 급성 수은 중독이었습니다. 입
원 후에도 상태가 나아지지 않았습니다. 가족들은 애를 태우며
여러 병원을 찾아다녔지만, 이미 몸은 빠르게 망가지고 있었습
니다. 수은 중독은 치료가 쉽지 않은 병이었습니다.

당시 노동부는 문송면의 병을 산업재해로 인정하지 않으려 했
고, 회사는 책임을 회피했습니다. 하지만 의료인, 언론, 시민 단
체가 나서면서 이 사건은 사회적인 문제로 확산되기 시작했습니
다. 특히 의료인과 대학생, 노동조합과 시민 사회는 문송면의 병
이 노동 환경과 제도적 책임의 문제라는 점을 알리는 데 큰 역할
을 했습니다. 노동부는 여론이 나빠진 뒤에야 뒤늦게 산업재해
(산재)로 인정했습니다. 하지만 이미 때는 늦었습니다. 산재 인정
후 보름도 지나지 않은 1988년 7월 2일, 문송면은 서울의 한 병
원에서 끝내 세상을 떠났습니다. 겨우 열다섯 살의 나이로 생을

    1장. 인권과 의료의 사각지대에 놓인 사람들

문송면에 대한 기사가 실린 1988년 5월 11일자 〈동아일보〉.

마감한 것입니다. 문송면의 죽음은 사회에 큰 충격을 주는 동시에 직업병에 대해 경각심을 일깨웠습니다.

당시 원진레이온 공장에서 일하던 노동자들 역시, 이유를 알수 없는 증상으로 고통받고 있었습니다. 그들은 자신들의 병도 문송면처럼 일터에서 비롯된 것이 아닐까 질문하면서 진상 규명에 나섰습니다. 문송면은 이렇게 직업병 문제를 사회화한 상징적인 인물이자 증언자가 된 것입니다.

문송면의 유품 중에는 짧은 쪽지가 있었습니다.

"병이 다 나으면, 엄마랑 같이 농사짓고 살고 싶다."

문송면은 아프지 않으면서 가족과 함께 행복하게 살아가기를 바랐습니다. 하지만 그 평범한 소망은 끝내 이뤄지지 못했습니다.

일터 현장에서 일어나는 안타까운 죽음과 사고는 결코 과거의 일이 아닙니다. 지금 이 순간에도 다른 형태로 되풀이되고 있기 때문입니다. 문송면의 죽음은 우리에게 일하는 사람의 건강을 어떻게 보호할 것인지, 어떻게 사고를 예방하면서 안전한 일터를 만들어 갈 것인지 생각하게 합니다.

· 문송면이라는 이름을 기억하는 것이 왜 중요할까요?

· 문송면 사례와 같은 일이 일어나지 않으려면 어떤 노력이 필요할까요?

   1장. 인권과 의료의 사각지대에 놓인 사람들

일하다가 죽거나 다쳐도
이유조차 몰랐다고요?

"원진레이온, 이황화탄소 중독자 12명 발생"

1988년에 보도된 신문 기사입니다. 이 사건은 우리나라에서 직업병 문제가 본격적으로 다뤄지는 계기가 됩니다.

경기도 구리시에 자리한 섬유 공장인 원진레이온에서는 일하던 노동자들이 하나둘씩 쓰러졌습니다. 처음에는 건강 관리를 제대로 못한 개인 탓으로 생각했습니다. 그래서 회사 측도 문제 해결에 나서지 않았습니다. 당시 원진레이온은 지역에서 꽤 유명한 회사였습니다. 많은 사람이 이곳에서 일했고, 직장을 구하기 어려웠던 시절이라 공장에 다니는 것을 자랑스럽게 생각하는 이들도 많았습니다. 하지만 공장 안에서는 조금씩 이상한 일이 벌어지고 있었습니다.

노동자들은 어지럼증, 메스꺼움, 손발 저림, 시야 흐림 등 원인을 알 수 없는 증상을 겪었습니다. 증상은 갈수록 심해졌고, 누군가는 시력을 잃고, 제대로 걷지 못하게 되었으며, 결국 목숨을 잃기까지 했습니다. 그런데도 회사는 원인을 찾으려 하지 않았고, 병원은 대수롭지 않게 여겼습니다. 그 당시 '직업병'이라는 개념은 생소했기에 사람들은 체력이 약하거나 운이 나빠서 그렇게 되었다고 믿었습니다.

"왜 나만이 아니라, 함께 일한 사람들 모두 비슷한 증상을 겪는 걸까?"

현장에서 일하던 노동자들은 위와 같은 질문을 하게 되었습니다. 그동안 누구도 묻지 않았던 문제였습니다. 그리고 그 물음에 결정적인 영향을 준 사건이 바로 1988년 7월에 있었던 문송면의 안타까운 죽음이었습니다. 이 사건을 계기로 원진레이온 노동자들은 자신의 증상을 다시 들여다보게 되었습니다. 피로나 체력 문제가 아니라, 일터에서 반복적으로 노출된 유해 물질 때문일 수 있다는 사실을 깨닫기 시작했습니다. 이후 의료인, 변호사, 기자, 노동조합, 시민 단체 활동가들이 함께 현장 조사에 나

  1장. 인권과 의료의 사각지대에 놓인 사람들

<한겨레>의 원진레이온 직업병 보도 기사(1988년 7월 22일).

섰습니다. 이를 통해 밝혀진 진실은 충격적이었습니다. 공장에서 사용하던 이황화탄소라는 화학 물질이 원인이었습니다.

원진레이온에서는 옷의 재료로 쓰이는 '레이온 실'을 만들었습니다. 그 과정에서 이황화탄소를 썼는데 색도 냄새도 없지만 아주 위험한 물질이었습니다. 이황화탄소는 노동자의 들숨에 파고들었습니다. 폐와 혈관을 타고 온몸으로 퍼지면서 뇌와 신경

세포를 녹였습니다.

　이황화탄소에 노출된 노동자는 말이 어눌해지고 몸의 움직임이 둔해졌습니다. 또한 손발에 힘이 빠져 그 자리에 주저앉았고, 스스로 일어서기가 어려워졌습니다. 신경계를 손상시키고, 시력과 청력을 잃게 하며, 심하면 생명을 위협하는 독성 물질이기 때문입니다. 그런데도 회사는 위험성을 알리지 않고 숨겼습니다. 노동자들은 환기조차 되지 않는 밀폐된 공간에서 마스크도 없이 작업했습니다. 그 결과, 수많은 노동자가 병들었고 일상을 잃었으며, 삶 자체가 위협받는 상황에 처했습니다. 1000여 명의 노동자가 피해를 보았으며 사망자만 300명에 이를 정도로 큰 사건이었습니다.

　당시 한겨레신문에 특집 기사로 실리면서 많은 사람에게 원진레이온의 직업병이 널리 알려졌습니다. 이는 한국 사회에 커다란 전환점을 만들었습니다. 이 사건을 계기로 '직업병'이라는 단어가 사회적으로 알려지기 시작했고, 노동자의 건강과 생명은 단지 개인의 몫이 아니라, 기업과 사회가 함께 지켜야 할 인권이라는 인식이 생겨난 것입니다.

　　　　　　　　1장. 인권과 의료의 사각지대에 놓인 사람들

· 일하다가 병든 사람에게 "그만두면 되잖아"라고 말하는 것은 왜
  문제가 될까요?

· 이황화탄소처럼 위험한 물질에 노출된 노동자들이 왜 곧바로
  알아채기 어려웠을까요?

· '직업병'은 개인의 문제가 아니라 사회의 문제라고 하는 이유는
  무엇인가요?

직업병 피해자들이
원한 것은 무엇일까요?

1988년, 서울은 올림픽을 앞두고 축제 분위기였습니다. 세계의 이목이 집중되는 행사를 준비하느라 사회 전반이 들떠 있었습니다. 그러나 화려한 도시 저편에 한 무리의 사람들은 몸과 삶이 무너져 가는 현실과 마주하고 있었습니다. 바로 경기도 구리시의 원진레이온 공장에서 일하다 병든 노동자들이었습니다.

처음에는 건강 관리를 못 한 개인 탓이라는 오해 속에서 외면당했지만, 집단적으로 증상이 나타나고 피해가 심각해지면서 이들은 스스로 질문하고, 원인을 밝히고, 목소리를 내기 시작했습니다. 아픈 몸을 이끌고 병원 문을 두드렸고, 자료를 모아 법률 상담을 받고, 같은 증상을 겪는 동료들과 연대했습니다. 당시만

     1장. 인권과 의료의 사각지대에 놓인 사람들

해도 '직업병' 개념이 부족했기에 병의 원인을 밝히고 피해를 인정받는 일은 힘들었습니다. 그래도 병상에만 머무르지 않고 휠체어에 앉아 기자 회견을 열고, 시내 곳곳에서 행진을 벌이며, 시민들에게 자신의 이야기를 알렸습니다.

"우리의 병을 직업병으로 인정해 달라!"

하지만 세상은 쉽게 귀를 기울이지 않았습니다. 노동조합이 이들을 선동했다는 식의 비난이 쏟아졌고, 회사는 노화 현상일 뿐이라며 책임을 부인했습니다. 그러자 병든 노동자의 아내와 자녀 등 가족들까지 거리로 나와 투쟁을 이어 갔습니다.

원진레이온 노동자들은 올림픽이라는 축제의 그림자 속에서 절박한 싸움을 계속했습니다. 일부 노동자들은 올림픽 성화 봉송을 중단시켜서라도 병든 사람들의 존재를 알리려 했습니다. 여론이 움직이자 정부와 회사도 더는 외면할 수 없게 되었습니다. 끈질긴 노력 끝에 1988년 9월, 마침내 원진레이온과 피해자들 사이에 의미 있는 합의가 이루어졌습니다. 직업병 피해를 공식 인정하고, 보상금 지급과 재발 방지를 위한 대책 마련에 합의한 것입니다.

피해자들이 진정으로 원했던 것은 돈이 아니었습니다. 그들이 바란 것은 정확한 진단, 제대로 된 치료, 그리고 왜 아팠는지에

원진레이온 공장 전경.

대한 해명과 설명, 나아가 다시는 이런 일이 반복되지 않게 할 사회적 장치였습니다. 원진레이온 노동자들은 "우리는 치료받을 수 있는 병원이 필요하나!"라고 외쳤습니다.

당시 일터에는 여전히 비슷한 위험에 노출된 동료들이 있었

습니다. 원진레이온 노동자들은 보다 근본적인 해결책을 찾아야 한다고 생각했습니다. 그래서 보상금 일부를 모아, 직접 병원을 세우기로 했습니다. 1997년 구리시장에 '원진의원'이 문을 열었습니다. 그러나 이 작은 의원으로 수백 명의 원진레이온 이황화탄소 중독 환자를 치료할 수 없었습니다. 이에 환자와 가족, 원진레이온 노동자 그리고 시민들이 모여 직업병 전문병원을 요구했습니다. 마침내 1999년 경기도 구리시 인창동에 '원진녹색병원'이 세워졌고, 이어 2003년에는 서울 중랑구에 종합병원인 '녹색병원'이 문을 열었습니다.

녹색병원이 생겨나기까지, 수많은 사람의 간절한 외침이 있었습니다. 치료받지 못해 병이 깊어질까 두려웠던 시간, 병의 원인을 설명하지 못해 무력했던 순간들 그리고 가족과 함께 겪은 고통은 단지 의료만의 문제가 아닌 기본적인 인권의 문제였습니다. 그들이 진정으로 바란 것은 회복이었고, 존엄이었고 다시 살아갈 권리였습니다. 그 소망은 한 병원을 넘어, 전국의 직업병 피해자들을 연결시켰고, 의료 시스템과 사회의 인식을 변화시키는 시작점이 되었습니다.

원진레이온 노동자들이 간절히 원했던 것은 사람답게 살 권리였습니다. 아픔을 함께 나누며, 다시 건강한 삶을 되찾고 싶다는 절박한 바람이 녹색병원을 만들었고, 그 뜻은 지금도 산업재해로 고통받는 사람들 곁에서 조용히 이어지고 있습니다.

· 왜 원진레이온 노동자들은 돈보다 진실을 더 원했을까요?

· 원진레이온 노동자들이 보상금으로 병원을 세우려 한 이유는 무엇일까요?

1장. 인권과 의료의 사각지대에 놓인 사람들

원진재단은
무슨 일을 하나요?

원진재단은 산업재해로 병든 노동자들의 아픔을 나누고, 그 고통이 반복되지 않도록 우리 사회를 바꾸기 위해 만들어진 특별한 재단입니다. 정식 명칭은 '원진직업병관리재단'이고, 줄여서 '원진재단'이라고 부릅니다. 1993년, 병든 노동자들과 시민들이 힘을 모아 비영리 공익 법인으로 세운 이 재단은 지금도 일하는 사람들의 건강과 권리를 지키고자 다양한 활동을 이어 가고 있습니다.

재단의 중심에는 녹색병원이 있습니다. 녹색병원은 단순히 치료만 하는 병원이 아닙니다. 왜 아프게 되었는지, 어떤 일을 해 왔는지 등을 알아보며 환자의 삶 전체를 살핍니다. 의사와 간호사뿐 아니라 사회복지사, 산업재해 전문가 등이 협력해 몸과 마음, 그리고 삶을 돌보는 병원입니다.

이런 것들이 가능했던 것은 원진레이온 노동자들의 오랜 노력 덕분입니다. 어려운 상황에서 포기하지 않고 안전한 일터를 만들고 아픈 이들을 치료받게 하자는 이들의 목소리는 점차 사회의 관심을 받게 되었고, 1989년에는 처음으로 35명이 직업병 피해자로 인정받았습니다. 이후 피해자로 인정된 노동자는 100명이 넘습니다. 하지만 회사는 1993년 7월, 더 이상의 책임을 지지 않겠다며 공장 폐쇄를 결정했습니다. 노동자들은 노조를 '비상대책위'로 전환하고, 명동성당에서 재야인사들과 시민들의 지원 속에 무기한 농성을 벌였습니다. 이에 노동자·회사·정부가 참여한 '노사정 협의' 끝에 50억 원 규모의 보상 기금을 마련하고, 이 기금을 관리·운영할 원진직업병관리재단을 세우기로 합의했습니다. 같은 해 11월 28일, 마침내 공식적으로 재단이 세워졌는데 이것이 바로 오늘날의 원진재단입니다.

원진재단이 세운 구리의 '원진녹색병원'과 서울 중랑구의 '녹색병원'은 원진레이온 노동자들을 포함하여 산업재해 노동자, 지역 주민, 의료 취약 계층이 이용하고 있습니다.

오늘날 원진재단은 세 가지 활동을 중심으로 사회적 책임을 실천합니다. 먼저, 재단은 녹색병원을 직접 운영하며 치료와 함께 환자의 삶을 살피고 아픔의 원인을 찾는 병원 모델을 실현하고 있습니다. 또한 '노동환경건강연구소'를 통해 다양한 직업군의 노동 환경이 건강에 어떤 영향을 미치는지 조사하고, 이를 바탕으로 정부와 국회에 법과 제도의 개선을 제안합니다. 최근에는 배달 노동자, 간병인, 청소 노동자 등 새롭게 떠오른 직업군의 건강 문제에도 관심을 기울이고 있습니다. 마지막으로, 재단은 병으로 생계가 어려워진 노동자와 그 가족들에게 상담, 경제적 지원, 직업 재활 같은 복지 서비스를 제공하고 있습니다. 그리고 청소년과 시민을 위한 노동 인권 교육, 직업병 예방 캠페인, 문송면을 기리는 추모 행사, 직업병 관련 기록 보존 활동을 꾸준히 이어 가고 있습니다.

이처럼 원진재단은 단순히 병원만을 운영하는 곳이 아닙니다. '왜 아팠는가'를 묻고, 같은 아픔이 반복되지 않도록 사회를 바꾸려는 실천을 이어 가는 공익 재단입니다. 환자의 몸만이 아니라 마음과 삶 그리고 이 사회의 구조까지 함께 바라보며, 더 건강하고 정의로운 세상을 만들어 가기 위해 오늘도 노력하고 있습니다.

· 원진재단은 왜 만들어졌을까요?

· 원진레이온 노동자들이 '직업병'을 얻은 이유는 무엇일까요?

요즘도 일하다가 다치는
사람이 있나요?

청소년 문송면의 죽음과 원진레이온 사건이 일어난 지 수십 년이 흘렀습니다. 그동안 많은 사람이 거리에서 목소리를 내고, 정부와 사회도 산업재해를 줄이기 위한 제도와 법을 만들어 왔습니다. 그렇다면 이제는 정말 일터가 안전할까요? 일터에서 더 이상 다치는 사람은 없을까요?

안타깝게도 현실은 그렇지 않습니다. 2024년 한 해 동안 산업재해로 사망한 노동자는 약 2000명에 이릅니다. 하루 평균 5명 이상이 일터에서 목숨을 잃은 셈입니다. 이 숫자는 단순한 통계가 아닙니다. 하루에도 몇 가족이 사랑하는 이를 떠나보내야 했다는 의미입니다. 여기에 공식 통계에 잡히지 않은 부상자와 병든 노동자들까지 포함하면, 그 규모는 훨씬 더 커집니다. 이들 중 다수는 평생 안고 살아가야 할 병과 고통 속에서 일상을 이어 가고 있습니다.

오늘날에도 일하다가 다치거나 병드는 노동자들의 이야기는 계속되고 있습니다. 반도체 공장에서 백혈병에 걸린 청년 노동자, 무리한 배달 물량에 시달리다 숨진 택배 기사, 안전 장비 없이 일하다가 추락사한 건설 노동자 등등, 노동의 위험은 여전히 우리 곁에 존재합니다.

산업재해는 단순한 사고에 그치지 않습니다. 신체 손상뿐 아니라, 외상 후 스트레스 장애나 근골격계 질환, 직업 관련 암 같은 질병도 많아지고 있습니다. 이런 병들은 몸뿐 아니라 마음에도 깊은 상처를 남기고, 오랫동안 치료와 회복이 필요한 경우가 많습니다. 이제 산업재해는 공장에만 국한되지 않습니다. 택배 기사, 요양보호사, 편의점 야간 근무자, 청소 노동자 등 생활에서 흔히 만나는 직업군에서도 빈번히 발생하고 있습니다. 과로로 쓰러지는 일, 돌봄 노동 중 다치는 일, 범죄에 노출되어 정신적 충격을 받는 일, 위험한 화학 물질에 노출되는 일 등이 우리 사회 곳곳에서 벌어지고 있습니다.

많은 사람이 자신이 겪는 병이나 사고가 산업재해라는 사실

1장. 인권과 의료의 사각지대에 놓인 사람들

**2016년 노동자 사망 사고가 일어난 서울 지하철 구의역 현장.
시민들이 승강장 앞에서 고인을 기리며 묵념하고 있다.**

조차 인식하지 못하거나, 알고도 산업재해 신청을 하지 못합니
다. 해고에 대한 두려움, 계약 해지에 대한 불안, 동료에게 피해
가 갈지도 모른다는 걱정은 신청을 망설이게 만드는 원인이 됩
니다. 절차가 복잡하고 시간이 오래 걸린다는 점도 중요한 이유

입니다. 특히 파견, 용역, 하청 같은 간접 고용 구조에서는 누구에게 책임을 물어야 할지조차 알기 어렵습니다. 이러한 상황은 아픈 사람을 고립시킵니다. 치료 시기를 놓쳐 병세가 악화되고, 결국 일을 그만두는 경우도 많습니다. 병원에서는 개인 건강 문제로 돌리고, 회사는 책임이 없다고 주장하면서 결국 누구도 책임지지 않는 악순환이 이어지고 있습니다.

성인 노동자들만의 이야기가 아닙니다. 청소년 노동자들 역시 여전히 안전하지 않은 환경에 노출되어 있습니다. 많은 청소년이 방과 후나 주말에 아르바이트를 하며, 안전 장비 없이 일하거나 충분한 휴식 없이 장시간 근무합니다. 특성화고 학생들은 현장 실습이란 명목하에 부당한 대우를 받거나 위험한 작업을 강요받는 일도 적지 않습니다. 1988년 문송면이 그랬듯이, 오늘날의 청소년 노동자들 역시 위험에 노출되어 있습니다. 우리가 문송면을 기억하고, 원진 노동자들의 싸움을 잊지 않는다면, 지금 이 순간 일하는 사람들의 안전과 건강을 지키면서 안전하게 일할 기본적인 권리를 보장할 수 있습니다.

가수 하림은 이런 마음을 담아 노래를 만들었습니다. SNS에서는 이 노래를 함께 부르는 '우사일(우리는 모두 사랑하는 사람을 위해 일을 합니다) 챌린지'가 퍼져 나갔습니다. 위험한 노동 환경에 놓인

　　　　　　　　　　1장. 인권과 의료의 사각지대에 놓인 사람들

사람들을 잊지 않겠다는 다짐이
담긴 이 챌린지에 수많은 시민이
참여하고 있습니다.

신현중학교 3학년 학생들이
부른 노래 〈우리는 모두
사랑하는 사람을 위해
일을 합니다〉.

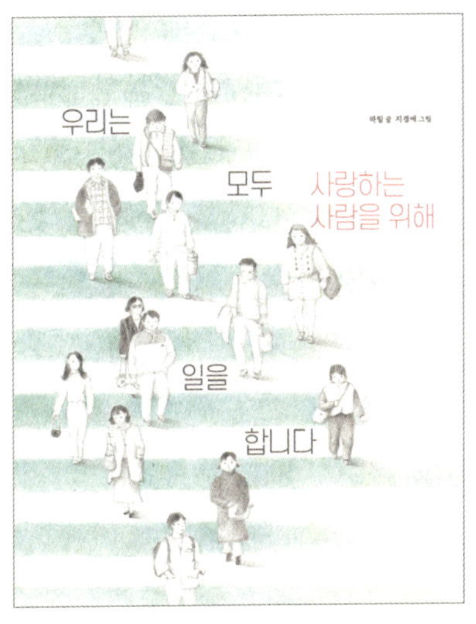

『우리는 모두 사랑하는 사람을 위해
일을 합니다』(글 하림, 그림 지경애,
그리고 다시, 봄 펴냄).
하림의 동명의 노래로 만든 그림책.

함께 생각해요!

· 오늘날에도 많은 사람이 일하다 다치거나 병드는 이유는 무엇일까요?

· 사람들이 산업재해 신청을 망설이거나 포기하는 이유는 무엇일까요?

· 산업재해를 줄이기 위해 우리 사회는 어떤 노력을 해야 할까요?

② 문송면 묘소

"열다섯, 일터에서 죽다"

15세 소년 문송면은 1987년 12월 서울 영등포 온도계 공장에 입사해 야간고등학교를 다니며 일했습니다. 환기 시설 없는 작업장에서 수은·시너에 노출된 그는 불면증, 통증, 호흡기 이상 등 중독 증세를 보이다가 1988년 7월 2일 결국 사망했습니다. 어린 노동자의 죽음은 직업병 문제를 한국 사회 전면에 제기하며 산업안전보건법 개선의 불씨가 되었습니다.

④ 김주현 묘소

"삼성 기숙사에서 사라진 25세 청년"

2010년, 김주현은 삼성전자 LCD사업부에 입사해 기숙사 생활과 교대근무를 하며 일했습니다. 끊임없는 야간노동과 정신적 압박 속에서 우울증을 앓다 2011년 1월, 복직을 앞두고 기숙사에서 투신해 목숨을 잃었습니다. 2300시간, 무려 97일간 장례도 치르지 못한 채 방치됐던 그의 죽음은 대기업의 폐쇄성과 무책임을 드러냈습니다. 김주현의 이름은 지금도 젊은 노동자들의 고단한 현실을 대변합니다.

① 전태일 묘소

"내 죽음을 헛되이 하지 말라"

1970년 평화시장의 재단사 전태일은 "근로기준법 준수하라"는 외침을 남기고 분신으로 항거했습니다. 그의 죽음은 한국 노동운동의 출발점이 되었고, 전태일 묘는 노동 존엄의 상징으로 남아 있습니다.

⑤ 김용균 묘소

"위험의 외주화, 죽음의 현장"

2018년 12월, 태안화력발전소에서 일하던 24살 청년 김용균은 어두운 작업장 컨베이어 벨트에 끼여 사망했습니다. 하청업체 소속으로 홀로 위험한 설비를 감당하던 그는 '위험은 외주화된다'는 현실을 몸으로 증언했습니다. 김용균의 죽음은 산업안전보건법 개정의 계기가 되었지만, 노동자의 생명은 여전히 위태롭습니다. "다시는 김용균처럼 죽게 하지 말자"는 외침은 지금도 이어지고 있습니다.

③ 김봉환 묘소

"직업병의 진실을 밝히다"

김봉환은 1977년 원진레이온에 입사해 이황화탄소에 장기간 노출되었습니다. 퇴사 후 직업병 증상이 나타났고, 수년간 산재 인정과 치료를 요구하다가 1991년 결국 숨졌습니다. 사망 이후에도 장례는 137일간 치러지지 못했고, 그의 투쟁은 원진레이온 직업병 참사의 진실을 밝히는 데 결정적 역할을 했습니다. 김봉환의 묘는 '산업의 이익보다 생명이 우선'이라는 명제를 남기고 있습니다.

⑥ 미누 식수

"국경 없는 연대, 이주노동자의 목소리"

네팔 출신의 이주노동자 미누(Minu)는 추방과 단속, 불안한 신분 속에서도 노동자의 권리를 외쳤고, 연대의 가능성을 보여줬습니다. 그를 기려 심은 나무는 국적을 넘어선 노동연대의 상징입니다.

산업화의 그늘에서 피어난 치유의 꽃

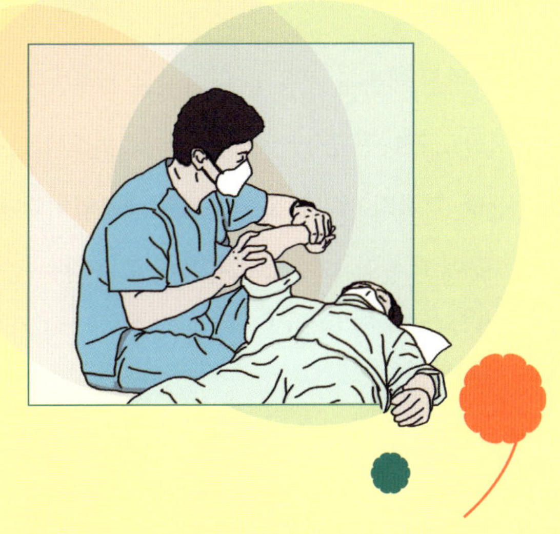

녹색병원이 만들어지기까지

녹색병원은
어떤 병원일까요?

녹색병원 이름을 처음 들은 사람은 종종 나무가 많은 병원인지, 식물로 꾸며진 공간인지 묻습니다. '녹색'이라는 단어에서 자연, 생명, 힐링의 이미지를 떠올리기 때문입니다. 실제로 병원 내부 곳곳에 화분이 놓여 있고, 창밖으로는 작은 정원이 보이기도 합니다. 하지만 이 병원이 녹색인 이유는 단지 식물 때문이 아닙니다.

녹색병원이라는 이름에는 사람과 생명을 중심에 두겠다는 철학이 담겨 있습니다. 녹색병원은 병을 치료하는 공간을 넘어, 회복과 손엄을 지향합니다. 녹색은 생명의 색이자 평화의 색입니다. 산업화의 빠른 속도 속에서 소외된 노동자들의 삶과 건강을

    2장. 산업화의 그늘에서 피어난 치유의 꽃

녹색병원 전경.

지키려는 의지를 상징합니다. 회복을 의미하는 초록색은 효율과 이윤 중심의 시스템에 맞서 함께 살아가자는 공동체의 가치를 품고 있습니다.

녹색병원 설립 당시에는 수많은 노동자가 일터에서 병들었지만 적절한 치료를 받지 못했습니다. 단순한 약 처방이나 수술만으로는 회복이 어렵다는 것을 절감했습니다. 녹색병원은 우리나라에서 보기 드문 민간형 공익 병원입니다. 일반 병원은 형편이 어려운 환자가 진료를 못 받는 경우가 있지만 녹색병원은 그렇지 않습니다. 치료비가 없어도, 건강 보험이 적용되지 않아도 진료를 받을 수 있기 때문입니다. 병원을 처음 만들 때 다짐을 잊지 않고 실천하기에 가능한 일입니다. 누구든 아프면 치료받아야 한다는 원칙은 녹색병원이 지금까지 지켜온 핵심 가치입니다.

병원의 철학은 로고에서도 드러납니다. 글자 위에 표현된 세 장의 이파리는 각각 과거, 현재, 미래를 상징합니다. 주황색 이파리는 산업재해로 고통받았던 노동자의 과거, 보라색 이파리는 그 고통을 치유하기 위한 병원의 현재, 푸른색 이파리는 지역 사회 건강 증진을 통해 만들어 갈 희망찬 미래를 나타냅니다.

녹색병원 로고.

녹색병원은 단지 증상을 없애는 데 그치지 않습니다. 환자의 직업, 작업 환경, 감정 상태까지 묻습니다. 일의 이력이 질병과 어떤 연관이 있는지, 어떤 삶을 살아왔는지, 어떤 어려움을 겪었는지를 살핍니다. 이러한 진료 방식은 치료가 기술적 행위가 아니라 삶 전체를 다시 세워가는 과정이라는 점을 보여 줍니다.

　　　　　　　　2장. 산업화의 그늘에서 피어난 치유의 꽃

병원 내부 공간도 사람을 중심에 두고 설계되었습니다. 복도의 너비, 병실의 조명, 안내 표지판의 높이, 보호자 휴식 공간, 도서 공간, 눈을 맞추고 대화할 수 있는 진료실 구조까지 모두 생명과 존엄을 위한 배려에서 출발했습니다. 누구도 소외되지 않도록, 누구도 혼자 아프지 않도록 설계된 병원입니다.

녹색병원은 사람을 중심에 둔 의료 철학에 따라 삶 전체를 회복하는 병원으로서 그 가치를 지키고자 오늘도 조용히, 그러나 깊이 있게 실천을 이어 가고 있습니다. 녹색병원은 나무처럼 조용히 그늘을 드리우고, 상처 입은 이들이 다시 일어설 수 있도록 기다려 줍니다. 자연과 사람을 닮은 병원, 그것이 바로 녹색병원이 지향하는 모습입니다.

· 병원의 이름에 '녹색'이라는 단어가 들어간 이유는 무엇인가요?

· 녹색병원은 왜 누구나 치료받을 수 있어야 한다고 생각할까요?

· 녹색병원의 진료 철학은 일반 병원과 무엇이 다를까요?

녹색병원의 건물 설계에 담긴 철학은 무엇인가요?

보통 새로 지은 큰 병원 하면 화려한 외관과 최신 의료 기기, 세련된 실내 장식을 떠올리게 됩니다. 하지만 병원은 단지 크고 아름다운 건물이 아니라, 아픈 사람이 치료받고 회복하는 공간입니다. 녹색병원 건립은 사람을 위한 철학을 담는 일이라는 관점에서 시작되었습니다.

건축 설계 과정에는 의료진, 건축가, 시민 활동가 그리고 직업병 피해자들이 참여했습니다. 이들은 병원을 이용하는 환자와 보호자의 마음을 살피고 어떻게 위로할지 고민했습니다. 이 과정에서 녹색병원이 생명과 존엄을 회복하는 공간이어야 한다는 데 뜻을 모았습니다.

2장. 산업화의 그늘에서 피어난 치유의 꽃

이를 보여 주는 상징적인 공간이 바로 병원장실과 재활 치료실입니다. 일반 병원은 병원장실이 전망 좋은 높은 층에 있지만, 녹색병원에서는 지하 2층에 배치했습니다. 병원장은 병원을 이끄는 자리가 아니라, 가장 낮은 곳에서 병원을 떠받치는 존재라는 생각을 반영한 것입니다.

반면 건물에서 가장 높은 7층에는 재활 치료실이 있습니다. 이곳은 환자들이 일상으로 돌아가기 위해 연습하는 공간입니다. 가장 전망 좋은 곳에 자리한 재활 치료실은 회복이야말로 녹색병원의 중심이자 최종 목적임을 상징합니다. 가장 낮은 곳에서부터 돌봄이 시작되어 가장 높은 곳에서 다시 삶이 이어진다는 설계 철학은 녹색병원이 추구하는 가치를 잘 보여 줍니다.

녹색병원은 기독병원으로 쓰던 건물을 손보아 다시 만들었습니다. 기독병원으로 쓰이기 전에는 YH무역이라는 가발 공장이었습니다. 기독병원일 때는 500병상이던 규모를 300병상으로 줄이고, 건물 일부를 철거하여 자연 채광과 환기가 가능한 구조로 바꿨습니다. 병상 수가 많으면 병원에는 이익이지만 환자를 위해 과감하게 줄인 것입니다. 또한 천장이 낮아 무거운 느낌을 줬던 1층 중앙 공간은 천장을 터서 2층과 연결하여 밝고 열린 공간으로 만들었습니다.

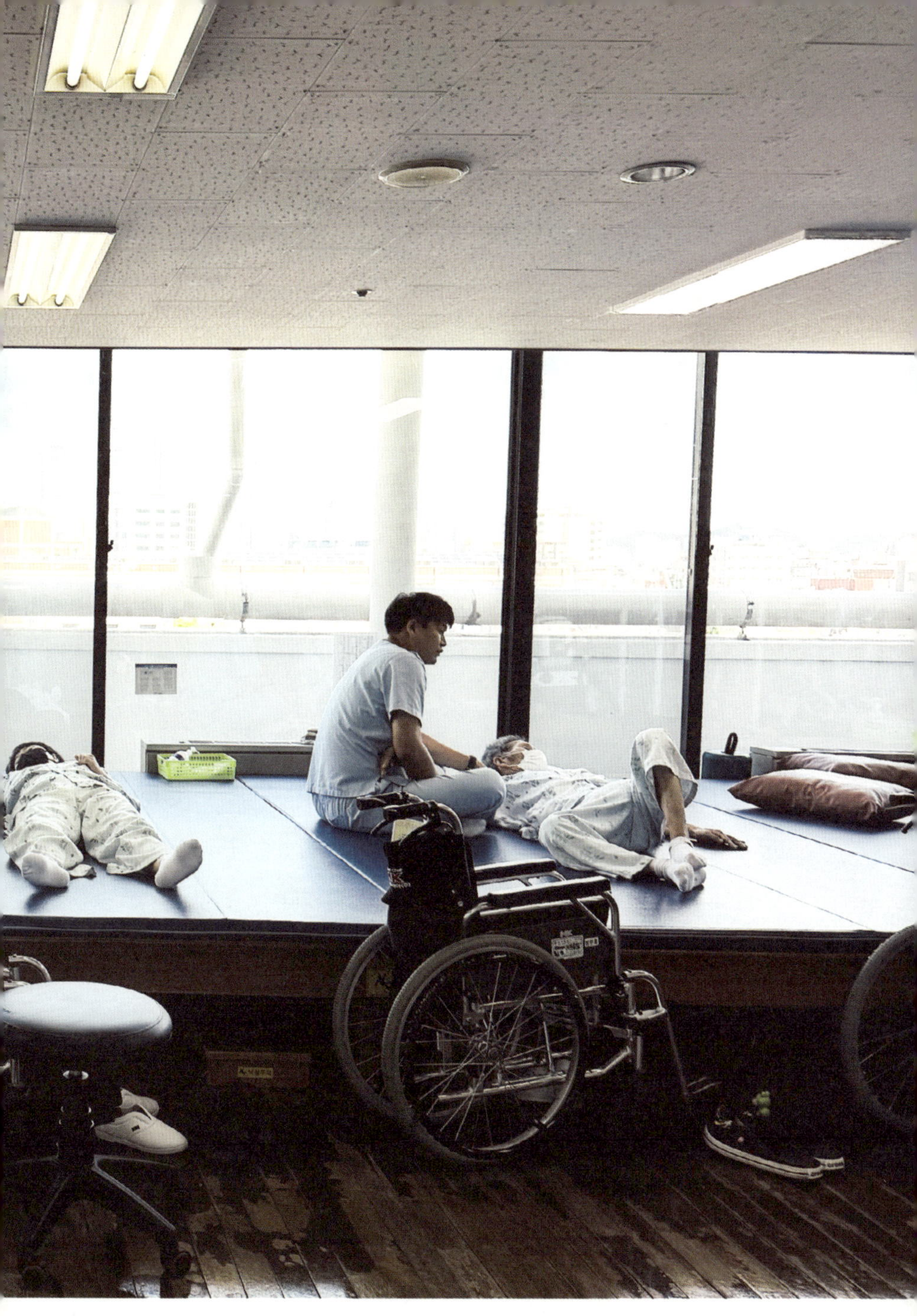

각 층마다 해가 잘 드는 '선룸'과 그렇지는 않지만 조용하고 넓은 '문룸'이라는 두 종류의 휴게실이 배치되어 있어, 환자와 보호자가 쉴 수 있는 여유로운 공간을 제공합니다.

환자와 보호자를 고려한 세심한 설계는 곳곳에서 확인할 수 있습니다. 복도는 일반 병원보다 넓고, 병실은 해가 잘 드는 방향으로 배치되었습니다. 입원실 수를 줄여 복도와 로비 공간을 넓혔으며 누구나 앉아서 쉴 수 있는 넓은 의자와 따뜻한 조명이 설치되어 있습니다. 병원에 들어선 순간부터 위로받을 수 있도록 공간 전체가 구성된 것입니다.

배려는 시각적인 안내에서도 이어집니다. 병원 내 모든 안내 표지판은 어린이, 노인, 휠체어 이용자, 시력이 약한 사람을 고려해 디자인되었습니다. 문손잡이 높이, 엘리베이터 버튼의 위치, 안내 체계 등은 누구도 소외되지 않도록 설계되었습니다. 환자는 물론 그 곁을 지키는 가족까지 고려한 것입니다. 진료실 구조 역시 일반적인 직선 배치가 아닌, 둥근 복도를 따라 의료진이 환자를 찾아가는 방식으로 설계되었습니다. 이러한 공간 구성은 의료의 중심이 누구인지 묻고, 환자가 진료 과정에서 긴장을 덜 수 있노록 돕는 억할을 합니다.

녹색병원은 공간 자체가 말을 거는 병원입니다. 동선, 채광, 높

낯이, 의자의 배치까지도 "회복을 응원합니다", "당신은 소중한 존재입니다"라는 메시지를 담고 있습니다. 이는 병원 건축이 단순히 화려한 건물을 만드는 것이 아니라 사람의 가치를 세우는 일이라는 점을 보여 줍니다.

· 녹색병원 병원장실이 지하에 있고, 재활 치료실이 가장 높은 층에 있는 이유는 무엇인가요?

· 햇빛이 잘 드는 병실이나 넓은 복도, 쉼터 공간이 환자에게 주는 효과는 무엇일까요?

· 여러분이 병원을 직접 설계한다면 가장 중요하게 고려하고 싶은 요소는 무엇인가요?

병원 곳곳에
예술 작품이 있다고요?

병원은 아픈 사람을 치료하는 곳입니다. 하지만 많은 사람에게 긴장과 불안을 주는 곳이기도 합니다. 이러한 공간을 조금 더 따뜻하고 편안하게 만들 수는 없을까요?

녹색병원은 병원 전체를 하나의 치유 공간으로 만들고자 했습니다. 그 중심에는 '예술'이 있습니다. 예술은 말보다 감정을 건드리고, 설명 없이도 마음을 움직이는 힘을 가지고 있습니다.

가장 눈에 띄는 작품은 병원 정문 엘리베이터 탑 외벽에 설치된 대형 벽화입니다. 제목은 '노동을 위하여'이며 길이 24미터, 폭 3미터 규모로, 1미터 크기의 정사각형 작품 72개가 연결된 구성입니다. 일상에서 사용되다 버려진 물건과 고물을 모아 이 작품을 완성했습니다. 이 작품은 낡고 손상된 것들이 새로운 형태로 다시 태어나는 과정을 보여 줍니다. 병들고 다친 이들이 회복하는 장소인 병원의 역할과 맞닿아 있는 상징입니다.

병원 내부로 들어오면 다양한 색의 빛이 스며드는 3층 복도의 스테인드글라스 창이 눈에 띕니다. 총 22개의 창에 색과 빛을 담아 꾸민 이 공간은 환자들에게 시각적 안정감을 줍니다. 창 맞은편 벽에는 자연의 움직임을 기록한 산책 동영상이 상영되고 있습니다. 이 작업은 팬데믹 시기 병원에 머무는 시간이 길어진 환자들이 실내에서도 자연을 느낄 수 있도록 기획되었습니다.

복도, 계단, 대기실 등 병원 곳곳에는 다양한 예술 작품이 전시되어 있습니다. 대부분 사진작가와 화가들이 기증한 작품으로 구성했어요. 약 100여 점의 작품이 병원 전 층의 벽을 채우고 있습니다. 그래서 녹색병원은 '녹색미술관'이라는 이름으로 불리기도 합니다. 병원 3층에서 6층 사이의 경사로 복도에는 임재천 사진작가의 '한국의 발견' 시리즈가 전시되어 있습니다. 작가는 한국의 풍경을 주제로 사진을 찍어 왔고, 녹색병원에서 어깨 수술을 받은 경험이 있습니다. 그는 입원 중 매일 걸었던 경사로를 기억하며, 병원과 의료진, 환자들에게 감사의 마음을 담아 사진 16점을 기증했다고 합니다.

   2장. 산업화의 그늘에서 피어난 치유의 꽃

녹색병원 3층 복도의 스테인드글라스 창(위).
녹색병원 3층에서 6층 사이 경사로 복도에 전시된 한국의 발견 시리즈(아래).

　　예술 작품은 환자의 스트레스를 줄이고 회복 속도를 높이며, 의료진의 피로를 완화하는 효과가 있다고 합니다. 녹색병원 역시 예술을 회복을 돕는 조용한 조력자로 바라보고 있습니다. 마음과 감정까지도 함께 회복해야 진짜 치유가 이루어집니다. 녹색병원은 그 과정을 예술을 통해 함께하고 있습니다.

· 녹색병원을 미술관처럼 꾸민 이유는 무엇일까요?

· 병원에서 예술 작품은 어떤 역할을 할 수 있을까요?

· '노동을 위하여' 같은 예술 작품이 병원 외벽에 설치된 이유는 무엇일까요?

· 여러분이 병원에 전시하고 싶은 예술 작품이 있다면 어떤 것인가요?

 　　　　　　　　　　2장. 산업화의 그늘에서 피어난 치유의 꽃

병원 터에 역사적 의미가 있다고요?

녹색병원이 자리한 곳은 서울 중랑구 면목동입니다. 조용한 주택가와 상점들이 어우러진 동네처럼 보이지만, 과거 산업화 시대의 치열했던 흔적을 고스란히 간직하고 있어요.

녹색병원 정문 바닥에는 두 개의 황동 명판이 나란히 있습니다. 하나는 2003년 9월 20일, 병원이 문을 연 날을 기념하는 명판으로 이렇게 적혀 있습니다. "이곳은 원진레이온 직업병 노동자들과 시민 사회가 함께 일궈낸 전문 의료 기관이다." 그 옆 명판에는 "이곳은 YH무역 공장이 있던 자리로 여성 노동자들의 삶과 투쟁이 있었던 역사적 장소입니다"라고 적혀 있습니다. 이 건물이 과거 YH무역이라는 가발 공장의 건물을 리모델링한 것임을 알려 줍니다.

병원 지하 2층에는 '기억의 공간'이 마련되어 있습니다. 이곳에는 원진레이온과 YH무역 노동자들의 투쟁과 녹색병원이 설립된 이후의 공익 활동을 담은 사진과 홍보물이 전시되어 있습니다. 1970년대는 산업화가 급속도로 이루어지던 시기로 서울 청계천에는 청년 재단사 전태일과 어린 여성 노동자들이, 면목동에는 김경숙을 비롯한 가발 공장 여성 노동자들이 살았습니다. 이들은 가혹한 노동에 시달리면서도 사람답게 살기 위한 권리를 찾고자 했습니다.

녹색병원 정문 바닥의 황동 명판.

 2장. 산업화의 그늘에서 피어난 치유의 꽃

녹색병원 지하 2층의 모습.

1980년대 면목동 일대는 산업 단지와 공장이 밀집한 곳으로 일자리를 찾아 몰려든 노동자들이 많이 살았습니다. 녹색병원은 일하는 사람들과 가까운 곳에 있어야 한다는 원칙에 따라 이곳에 지어졌습니다.

녹색병원이 세워진 자리는 과거 YH무역이라는 회사가 있던 곳입니다. 이 회사는 가발과 봉제품을 수출하며 크게 성장했지만, 부실한 경영과 외화 유출 등으로 어려움을 겪다가 1979년 8월

농성을 하고 있는 YH무역 노동자들(1979년 8월).

에 문을 닫습니다. 그러자 회사의 일방적인 폐업에 항의해 노동자 190여 명이 당시 야당이던 신민당 당사에서 농성을 벌였습니다. 그러다 경찰이 강제 진압하는 과정에서 노동자 김경숙이 사망하는 비극이 일어났습니다. 이 사건은 우리 사회에 큰 충격을 주었고, 같은 해 가을 부마 민주 항쟁의 도화선이 됩니다. 이후 박정희 정권은 종말을 맞습니다.

녹색병원 후문 주차장은 과거 YH무역 노동자들이 쓰던 기숙사 터입니다. 고단한 노동의 기억이 남아 있는 땅 위에 녹색병원

     2장. 산업화의 그늘에서 피어난 치유의 꽃

이 지어진 것입니다. 이러한 역사를 기억하려는 노력은 병원 곳곳에 담겨 있습니다. 일례로 병원 앞 도로는 김경숙 열사의 뜻을 기리는 의미에서 '김경숙길'로 불립니다. 녹색병원의 제안에 지방자치단체인 중랑구가 호응하면서 2023년부터 이름을 바꾼 것입니다.

녹색병원은 현재 YH무역 기숙사 터에 '전태일의료센터' 건립을 준비하고 있습니다. 시민들의 후원으로 세워지는 '사회연대병원'으로, 더 많은 어려운 사람들이 치료받을 수 있는 병원을 목표로 하고 있습니다. 녹색병원 자리에는 과거 산업화의 그늘 아래서 살아낸 사람들의 삶과 투쟁이 켜켜이 쌓여 있습니다. 녹색병원은 역사적 기억을 간직하는 한편 연대를 실천하며 희망을 짓고 있습니다.

· 녹색병원 정문 앞에 새겨진 명판을 통해 무엇을 알 수 있나요?

· 병원 앞 도로 이름이 '김경숙길'이 된 이유는 무엇인가요?

· 녹색병원에서 역사를 기억하려는 이유는 무엇일까요?

왜 일하는 사람을 위한
병원이 필요할까요?

우리 주변에는 병원이 많습니다. 동네에 있는 개인 의원부터 지역 종합 병원, 대학 병원, 전문 병원 등 다양한 의료 기관이 있습니다. 하지만 특별히 산업재해로 다치거나 병든 사람을 보살피는 곳은 많지 않아요. 대개 일반 환자 대하듯이 증상을 묻고 진단을 내리고 처방합니다. 다친 이유나 근무 환경까지 파고들지 않습니다. 의사 한 명이 너무 많은 환자를 진료해야 하니 일일이 살필 여유가 없습니다. 환자의 일터 상황과 직업병의 관계를 알아내는 것은 거의 불가능합니다. 게다가 산재 신청 절차가 까다로워 환자로서는 도움을 받기 어렵습니다.

직업병의 원인을 알려면 반드시 일하는 노동 환경을 파악해

  2장. 산업화의 그늘에서 피어난 치유의 꽃

야 합니다. 특정한 업무, 장시간 노동, 위험한 물질에 반복적으로 노출되어서 생기는 질병이기 때문입니다. 증세만 보고 처방해서는 해결되지 않습니다. 원인을 제대로 밝히고, 제도적으로 보호받을 수 있도록 도와야 합니다. 일반 병원에서는 이런 도움을 받기 어렵습니다. 녹색병원이 설립된 이유가 바로 여기에 있습니다. 그래서 녹색병원의 진료는 그 사람이 어떤 환경에서 어떻게 일했는지를 중요하게 살펴봅니다. 증상을 넘어 한 사람의 삶 전체를 이해하려는 것입니다. 그래서 진료실에서 나누는 말 한마디에도 존중과 배려를 담고자 노력합니다.

녹색병원에는 직업병 진단과 산재 판정을 위한 전문 의료진이 있습니다. 사회복지사, 물리치료사, 일터 복귀를 지원하는 코디네이터 등이 서로 협력하여 진행합니다. 환자가 회복을 통해 '일하는 사람'으로서 사회에 복귀할 수 있도록 체계적으로 돕는 것입니다. 그래서 추락 사고를 겪은 일용직 노동자, 무거운 물품을 반복해서 나르다 허리를 다친 물류센터 근무자, 요양 시설에서 장시간 근무하며 우울증을 앓게 된 간병인, 일하다 화학 물질에 노출돼 피부염을 얻은 청소 노동자 등 다양한 사람들이 녹색병원을 찾습니다. 다른 병원에서는 원인을 찾지 못했다가 이곳에서 직업과 관련이 있다는 점을 알게 되는 경우도 종종 있습니다.

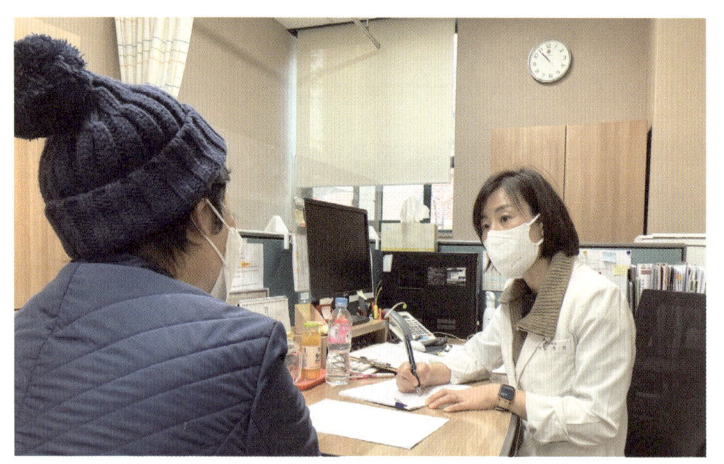

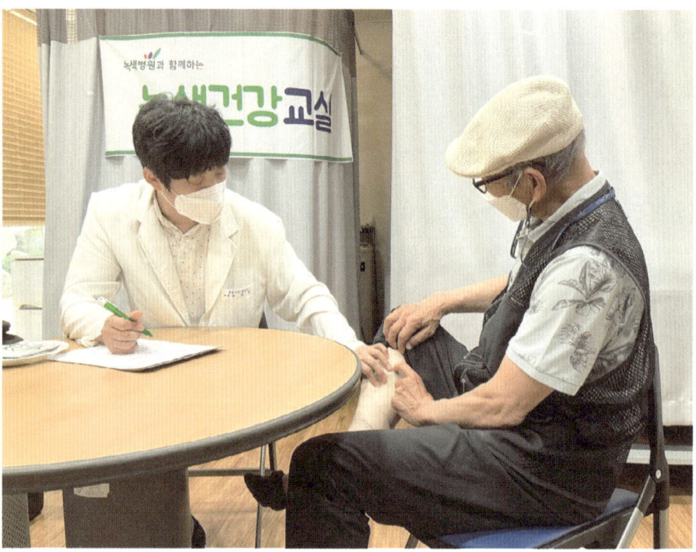

환자를 진료하는 의료진의 모습.

청소년 노동자와 이주 노동자 역시 녹색병원이 보살피는 주요 대상입니다. 이들은 나이가 어려서, 한국에 익숙지 않아서 아파도 도움을 받지 못합니다. 그래서 제때 치료를 받지 못하고, 상태가 악화된 후에야 병원을 찾는 경우가 많습니다. 녹색병원은 나이나 국적과 상관없이 통역과 상담 등의 도움을 제공합니다. 노동자의 권리를 지키고자 법률 자문 단체에 연결해 주고, 정부에는 제도 개선을 위한 정책을 제안하고 있습니다.

우리가 일상에서 만나는 사람들을 떠올려 보세요. 골목길에서 마주치는 배달 기사, 마트 계산대에서 온종일 서 있는 근무자, 밤낮없이 병실을 지키는 간병인…. 이들은 모두 우리 사회에서 꼭 필요한 일을 하는 노동자입니다. 이들이 다치고 병들었을 때 우리 사회는 그 아픔을 어떻게 품을 수 있을까요?

일하다 병들었을 때 숨기지 않아도 되고, 그 이야기를 끝까지 들어 주는 병원이 있다는 것은 참으로 고마운 일입니다. 우리나라 경제는 눈부시게 성장했지만, 일하다 다치는 사람은 여전히 많고 그들이 처하는 현실은 크게 달라지지 않았습니다. 녹색병원처럼 일하다 다치고 병든 사람들을 돌볼 병원이 좀 더 많아져야 하는 이유입니다.

· 녹색병원에서 진료할 때 환자의 일터 환경과 삶을 물어보는 이유
 는 무엇인가요?

· 청소년 노동자나 이주 노동자들은 어떤 어려움을 겪고 있을까요?

· 일하는 사람을 위한 병원에서는 무엇을 생각하고 준비해야 할까요?

이런 병원
또 없나요?

민간 병원이 공익 의료의
첫걸음을 걷다

가난해도
치료받을 수 있다고요?

병원에 가려면 생각보다 큰 용기가 필요합니다. 치료받는 과정이 힘들기도 하지만 몸이 아파도 병원비 걱정 때문에 망설여지거든요. 진료비와 각종 검사비에 수술이라도 받는다면 큰돈이 듭니다. 그래서 아파도 참는 사람들이 많습니다. 그러다가 병을 키우게 되어 결국 건강을 잃고 생활마저 무너지게 됩니다.

녹색병원은 이런 현실을 바꾸기 위해 노력하고 있습니다. 병원의 수익보다 아픈 사람을 진심으로 치료하고 돌보는 것을 우선으로 여기며, 건강 보험 보장을 받지 못하는 저소득층이나 이주 노동자, 노숙인 같은 사람들이 치료받을 길을 열어 두고 있습니다. 특히 공장, 건설 현장, 농장 등등 삶터 곳곳에서 일하는 외국인 노동자들은 위험한 일을 하지만 병원에 가기가 쉽지 않습니다. 한국어가 익숙하지 않거나 미등록 체류자라면 병원에 기록이 남는 것을 걱정합니다. 실제로 국민건강보험 대상이 아니면 진료비가 너무 비싸 감당이 어렵습니다.

우리나라 보험 제도에는 사각지대가 있습니다. 미등록 이주 아동도 그중 하나입니다. 이들은 부모가 미등록 체류 상태에서 출생하거나 한국에 들어오고 나서 비자가 만료되는 등 여러 이유로 건강 보험에 가입되지 않은 만 20세 미만의 아동과 청소년입니다. 녹색병원은 의료 혜택을 받지 못하는 이들을 위해 '미등록 이주 아동 의료 지원 사업'을 펼치고 있습니다.

과거 코로나19 팬데믹 시기에 많은 노동자가 일자리를 잃었습니다. 이때도 녹색병원은 병원비 부담으로 치료를 못 받는 이들에게 손을 내밀었습니다. 녹색병원에는 의사와 간호사뿐 아니라 사회복지사도 근무합니다. 이들은 환자의 경제적 상황을 살펴보고 돈 걱정 없이 진료를 계속 이어 갈 방법을 고민합니다. 지역 복지 기관과 연계해 간병인을 구해 주거나 후원금으로 약값을 지원하기도 합니다. 부모가 외국 국적이거나, 서류상 신분이 없어 주민등록이 되어 있지 않은 아이들도 치료받을 수 있게 돕습니다.

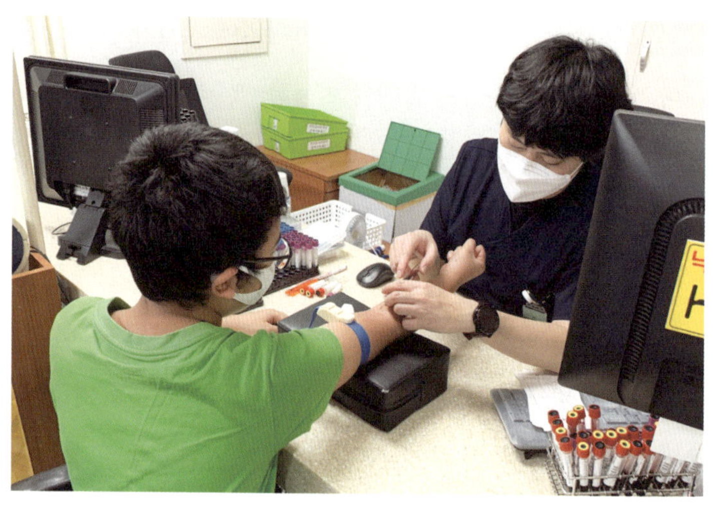

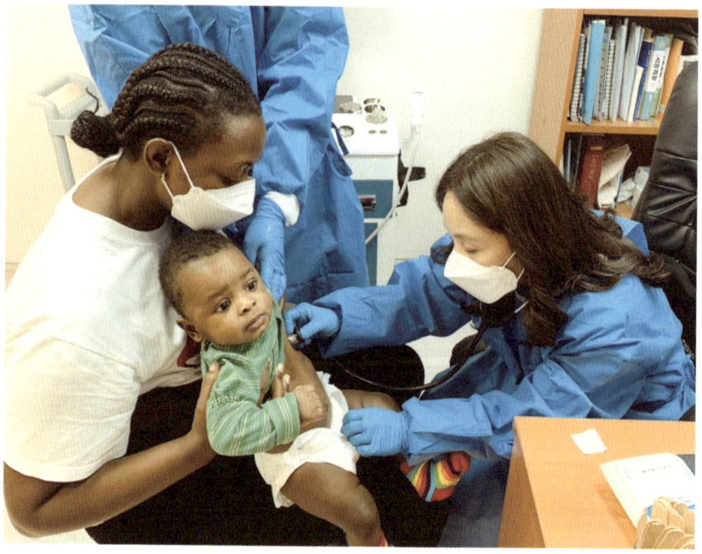

녹색병원에 진료를 받으러 온 미등록 아동의 모습.

2024년 기준으로 우리나라에 등록된 외국인 노동자는 약 100만 명에 이릅니다. '미등록 외국인'을 포함하면 이보다 훨씬 많은 수의 외국인 노동자가 있을 거로 추정합니다. 녹색병원은 이들을 위해 2023년 5월부터 '의료 취약 외국인 노동자 의료 지원'을 시작했습니다. 13개 기관과 협약을 맺고, 의료비 부담을 줄이는 건강 안전망을 구축했습니다. 이를 통해 외국인 노동자들이 경제적인 어려움으로 치료를 포기하지 않도록 지원할 계획입니다. 의료진, 사회복지사 그리고 시민 사회단체와 지역 복지 기관의 협력 덕분에 가능한 일입니다. 녹색병원은 이들과 함께 모두가 건강하게 살아갈 수 있는 사회를 꿈꾸고 있습니다.

· 아파도 병원에 못 가는 사람들이 느끼는 부담은 무엇일까요?

· 병원 방문을 미루다 병이 더 나빠지는 경우는 왜 생기는 것일까요?

· 미등록 이주 아동을 위한 진료와 치료는 어떻게 하면 좋을까요?

가족을 돌보는 병원이
있다고요?

누구나 건강하게 살고 싶어 합니다. 하지만 세상에는 자신의 힘만으로는 건강을 지키기 어려운 상황에 놓인 사람들이 있습니다. 예고 없이 찾아온 사고, 가족의 갑작스러운 죽음과 뒤이은 고통과 생활고 등을 이유로 건강을 잃을 때가 그렇습니다. 녹색병원은 이들의 건강을 지키고자 노력합니다.

2023년 3월 20일, 녹색병원은 각종 재난과 산업재해로 가족을 잃거나 다친 피해자를 지원하고자 '생명안전 시민넷'과 함께 의료 지원 협약을 체결했습니다. 이 자리에는 세월호 참사, 대구 지하철 시고, 스텔라데이지호 실종 사건, 삼성전자 직업병, 산재로 사망한 고 김용균 노동자 유가족 등 불행한 일로 아픔을 겪은 유가족과 피해자가 함께했습니다.

참사 피해 당사자는 물론 유가족들은 오랫동안 정신적·육체적 고통에 시달립니다. 특히 사고를 은폐하려는 정권과 싸우다 보면 건강을 돌보지 못하기도 하고 병원비 부담으로 치료를 미루기도 합니다. 이들에 대한 국가 지원이 제한적일 경우 고통은 더욱 커집니다. 실제로 특별법이 만들어지고 지원 대상으로 선정되기까지 많은 시간이 듭니다. 산업재해만 해도 신청 과정이 복잡하고 한참 후에 인정된다 해도 이미 시기를 놓칠 수 있습니다. 영세 사업장 노동자나 배달, 대리운전처럼 플랫폼을 통해 일하는 노동자는 산재 보험 혜택을 받지 못해 고통 속에 방치되어 왔습니다.

녹색병원은 참사 피해자와 그 가족들이 필요한 진료를 받을 수 있도록 건강 검진부터 치료비 지원까지 구체적인 도움을 주고 있습니다. 건강 보험이 적용되는 진료 항목은 100%를, 보험이 적용되지 않는 비급여 항목은 30%를 지원하고, MRI나 예방 접종은 50%까지 병원이 부담합니다. 종합 건강 검진 비용은 전액 지원합니다. 이는 참사 피해자만 해당하는 것이 아닙니다.

녹색병원이 위치한 중랑구에서는 의료 사각지대를 없애기 위한 지역 네트워크 '중랑 건강공동체'가 만들어졌습니다. 녹색병

'생명안전 시민넷'과 함께 의료 지원 협약을 체결한 모습.

원을 비롯하여 중랑구의사회 등 의료 단체, 지역의 복지관들과 재가 요양 기관, 지역 주민 단체 등 30여 개 단체가 참여하고 있으며, 취약 계층의 건강권을 지키는 활동과 마을에서 주민을 돌보는 통합 돌봄 활동을 활발히 하고 있습니다.

녹색병원은 2008년부터 '중랑 건강방파제'라는 이름으로 의료 사각지대 환자 지원 체계를 마련하고 지역 내 저소득층 환자가 발생할 경우, 상시적으로 의뢰·지원할 수 있는 활동을 시작했습니다. '건강방파제'는 병과 가난이라는 파도로부터 사람들의 생명과 건강을 지키자는 뜻에서 이름 붙여졌습니다. 2008년 녹색병원 직원들의 자발적 후원금과 병원 자금으로 조성된 기금으로 시작했고 이후 후원금을 더하여, 대상자 발굴, 진료 연계, 의료·복지 통합 지원을 하며 적극적으로 활동하고 있습니다.

중랑구에 사는 한 부모 가정의 이지원(가명) 씨는 두 딸을 키우며 간간이 식당 아르바이트로 생계를 이어 가고 있었습니다. 반복된 육체노동으로 어깨 통증이 심했지만, 치료비 부담으로 병원을 찾을 수 없었습니다. 코로나19 사태로 일자리도 줄어들고 생활은 점점 더 어려워졌습니다. 다행히 복지관 사회복지사의 소개로 '건강방파제' 지원을 받았습니다. 덕분에 정밀 검사와 치료를 받을 수 있었고 수술이 필요할 경우 긴급 의료비 지원까지도 받을 수 있게 되었습니다. 어려운 시기에는 작은 도움일지라도 누군가의 삶에 큰 희망이 됩니다.

· 재난이나 산업재해로 고통받는 사람들에게 의료 지원이 왜 필요할까요?

· 병원이 사회적 약자와 함께할 때, 우리 사회는 어떻게 달라질 수 있을까요?

병원이 인권 보호 활동을
한다고요?

몸이 다 나아도 여전히 고통을 겪는 사람들이 있습니다. 폭력, 차별, 억울한 대우 등으로 마음 깊은 곳에 상처를 입은 사람들은 약이나 수술만으로는 나을 수 없습니다. 이들은 낫지 않는 아픔을 안고 살아갑니다. 겉으로는 멀쩡해 보여도 속은 심각하게 아픈 사람들입니다. 이들을 위해 녹색병원에는 '인권치유센터'를 만들었습니다. 병원과 인권, 얼핏 보기에는 잘 어울리지 않는 단어 같지만 사실은 아주 가까운 관계입니다. 진정한 치유를 위해서는 사람이 사람답게 살아갈 권리, 즉 인권을 지키는 일이 꼭 필요하기 때문입니다.

녹색병원의 인권치유센터는 2015년에 '인권클리닉'이라는 이름으로 문을 열었고, 2017년부터는 지금의 이름으로 활동을 이어 오고 있습니다. 여기서는 인권이 침해되어 몸과 마음이 다친 사람들을 위한 진료와 상담을 제공합니다. 국가 폭력 피해자, 성 소수자, 성폭력 피해자, 난민, 강제 퇴거를 당한 쪽방촌 주민, 단식 농성으로 건강이 악화된 사람, 해직·비정규직 노동자 등 사회적으로 소외된 이들이 이곳을 찾습니다.

억울하고 고통스러운 일을 겪은 사람에게는 그 이야기를 꺼낼 수 있는 '안전한 공간'이 필요합니다. 인권치유센터는 환자가 안심할 수 있도록 개인 정보를 철저하게 보호합니다. 피해자의 동의 없이 어떤 정보도 외부에 제공하지 않습니다. 상처받은 사람이 보호받고 있다고 느낄 수 있도록 신뢰할 공간을 만드는 것이 가장 우선이기 때문입니다.

인권치유센터를 찾는 사람들은 단지 치료를 받으러 오는 것만이 아니라 자신의 존재가 존중받기를 원합니다. 인권치유센터는 이를 위해 끊임없이 노력하고 있습니다.

인권치유센터에서는 경제적인 어려움으로 병원을 찾지 못하는 인권 활동가들을 위해 건강 검진을 지원합니다. 직접 단식 농성 현장을 찾아 해직·비정규직 노동자들의 건강을 돌봅니다. 이런 활동은 우리 사회가 그동안 이들의 건강을 외면하고 있지는

고공 농성을 하는 노동자를
진료하기 위해 11미터 사다리에
오른 의료진의 모습(위).

농성 현장에 파견된
임상혁 원장과 의료진들의
모습(아래).

않았는지 묻게 합니다. 단식으로, 농성으로, 거리의 외침으로 자신의 존재를 알려야 했던 이들에게 병원은 너무 멀고 차가운 공간이었습니다. 녹색병원 인권치유센터는 직접 그들에게 다가가 손을 내밀고 있습니다. 수많은 사람들이 이곳에서 진료와 상담을 받으면서 몸을 치료하고 존중받는 경험을 통해 일상으로 돌아갈 용기를 얻고 있습니다.

대한의사협회 의사 윤리 강령 제1조에는 이렇게 적혀 있습니다. "의사는 인간의 존엄과 가치를 존중하며, 의료를 적정하고 공정하게 시행하여 인류의 건강을 보호증진함에 헌신한다."

인권치유센터는 이를 행동으로 실천하고 있습니다. 병원은 단지 병을 고치는 곳만이 아닙니다. 때로는 세상과 다시 연결되는 문이 되기도 하고, 아무 말 없이 그 곁을 지켜 주는 친구가 되기도 합니다. 녹색병원 인권치유센터는 바로 그 가능성을 스스로 증명하고 있습니다.

· 녹색병원에서는 왜 인권치유센터를 만들었을까요?

· 대한의사협회의 의사 윤리 강령 1호를 지키기 위해 필요한 것은
  무엇일까요?

지역건강센터는
어떤 일을 하나요?

우리는 보통 병원은 몸이 아플 때 찾아가는 곳으로 여깁니다. 하지만 거꾸로 아픈 사람을 직접 찾아가는 병원이 있습니다. 바로 녹색병원입니다. 녹색병원은 진료실에 머물지 않고 지역 사회 속으로 한 걸음 더 다가가 사람들의 삶을 살피고 있습니다. 그 중심에 있는 곳이 바로 '지역건강센터'입니다.

녹색병원 지역건강센터는 치료는 물론 예방과 사후 관리 활동을 합니다. 예를 들어 어떤 환자는 병원에서 수술을 잘 마쳤다고 해도 퇴원 후 집으로 돌아가면 혼자 생활하기 어려운 상황일 수 있습니다. 가족 등 돌볼 사람이 없거나 집안 환경이 불편해서 거동이 어려운 경우도 있습니다. 지역건강센터는 이들의 건강을 위해 돌봄 활동을 지원합니다.

환자는 입원 중에 의사, 간호사, 물리치료사 등 여러 전문가의 돌봄을 받다가 퇴원하면 갑자기 모든 걸 혼자 감당해야 하는 경우가 많습니다. 집에 돌아왔더니 오히려 더 불안해졌다고 하는 환자도 있습니다. 지역건강센터는 퇴원 이후 환자의 삶을 건강하고 행복하게 열어 갈 수 있게 하고자 노력합니다. 그중 하나가 바로 상담입니다. 이를 통해 증상이나 병력은 물론 일터 환경, 가족 관계, 경제 상황까지 함께 살펴봅니다. 사정을 알면 대처할 수 있습니다. 어떤 사람은 요양보호사가 필요하고, 어떤 사람은 일자리를 잃고 생활이 어려워진 상태일 수 있습니다. 이럴 때 지역건강센터는 복지 기관과 연계해 필요한 도움을 받을 수 있도록 돕습니다. 의료와 복지를 연결하는 일, 이것이 바로 녹색병원 지역건강센터가 지향하는 통합 의료입니다.

녹색병원 지역건강센터는 '지역 사회 돌봄'이라는 철학을 실천하고 있습니다. 의료, 복지, 돌봄, 주거, 일자리 등 한 사람의 삶에 필요한 여러 요소를 통합적으로 살펴보고 필요한 부분을 지원합니다. 혼자 사는 어르신이 수술을 마치고 퇴원했는데, 집에 계단이 낳고 욕실 바닥이 미끄러운 구조라면 다시 다칠 위험이 큽니다. 이런 경우 지역건강센터는 행정복지센터와 협력해 손잡이를 설치하고, 정기 방문 돌봄 사업을 연계하여 도시락 배달이나 세탁 서비스를 제공합니다.

또한 의료 사각지대에 놓인 사람들도 찾아갑니다. 거리에서 생활하는 노숙인, 고시원에 사는 독거노인, 다쳐서 거동이 불편한 이주 노동자 등이 그렇습니다. 스스로 병원을 찾기 어려운 이들을 직접 찾아가 건강 상태를 확인하고, 필요한 경우 병원 진료를 받게 합니다.

이런 활동은 병원 문을 나가 전문가들과 함께 지역 안으로 들어가는 방식으로 진행됩니다. 의사, 간호사, 사회복지사가 팀을 이루어 환자의 집으로 찾아갑니다. 예를 들어 이순임(가명, 89세) 어르신은 장애가 있는 막내딸과 함께 살며 요양보호사의 도움을 받던 분입니다. 건강이 좋지 않아 거동도 불편해지고 욕창이 생겨 치료가 필요했지만, 요양 병원 간병비가 부담되어 입원을 미루고 있었습니다.

녹색병원 지역건강센터팀은 외과 의사, 가정 간호사, 사회복지사와 함께 어르신 집을 방문했고, 건강 상태를 살핀 결과 바로 입원 치료가 필요하다고 판단했습니다. 여러 병원에서 따로 받은 약이 정리되지 않은 상태로 있어 관리가 필요했고, 상처 치료도 시급했습니다. 다행히 어르신은 녹색병원의 간호·간병 통합

가정 간호를 다니는 간호사들(방송 화면).

병동에 입원해 적절한 치료를 받게 되었습니다. 퇴원 후에는 정기적인 방문 신료와 가정 간호가 예정되어 있습니다. 지역건강센터를 통해 치료비 지원과 돌봄 연계, 주치의 제도까지 통합된

관리가 실현되고 있는 것입니다.

· 통합 돌봄은 환자와 가족에게 어떤 도움을 줄 수 있을까요?

· 의료 사각지대에 있는 사람들을 찾아가는 일은 어떤 의미가 있
  을까요?

연결과 소통의 힘으로
건강을 지킨다고요?

한 병원에서 모든 치료를 다 할 수는 없습니다. 환자마다 필요한 검사나 수술, 회복의 정도가 다르고, 어떤 치료는 대형 의료기관에서, 또 어떤 치료는 지역 병원에서 하는 게 더 효과적입니다. 이때 중요한 것이 바로 병원과 병원을 연결하는 다리 역할입니다. 바로 진료협력센터가 하는 일입니다.

녹색병원 진료협력센터는 환자와 의료진, 병원과 병원 사이를 이어 줍니다. 여기에는 병원끼리 의뢰하고 회신하는 행정 업무는 물론 환자의 건강 전반을 설계하고 조정하는 관리자 역할이 포함됩니다.

녹색병원에서 진료받던 환자가 더 정밀한 검사가 필요해서 대형 병원에 가야 할 때, 환자 스스로 예약을 잡고 의뢰서를 들고 병원을 찾아가기란 꽤 복잡하고 어렵습니다. 하지만 진료협력센터를 거치면 이야기가 달라집니다. 여기서는 진료 예약, 의무 기록 전달, 검사 결과 공유, 진료 회신까지 모든 과정을 체계적으로 관리해 줍니다. 이는 단지 편의 차원이 아닙니다. 병원 간의 정보 연결은 환자의 생명과 직결될 수 있습니다. 그래서 진료협력센터는 최대한 빠르고 정확하게 정보를 공유합니다. 환자를 중심에 두고 병원들이 서로 협력하도록 돕는 중요한 일입니다.

대형 병원에서 수술이나 중증 치료를 마친 환자가 회복기에 재활 치료를 받으러 녹색병원으로 올 수 있습니다. 이때 진료협력센터는 환자의 상태와 필요한 치료 정보를 꼼꼼히 파악하여 병상을 준비하고, 환자가 불편 없이 다음 치료를 받을 수 있도록 조율합니다.

녹색병원 진료협력센터는 일관된 환자 관리를 통해 건강을 책임지는 핵심 부서입니다. 이들은 진단 의뢰부터 회신까지의 전 과정을 체계화하고, 의료 기관 간 신뢰 기반 협력이 이루어지도록 관리합니다. 다양한 병·의원과의 협력 체계 구축도 맡습니다. 매달 협력 의료 기관 현황을 파악하고 정기적인 회의와 방문으로 소통합니다. 녹색병원과 협력 관계에 있는 병·의원은 전국에

180여 곳에 달하며 계속 늘어나고 있습니다.

녹색병원 진료협력센터는 환자 보호자에 대한 안내와 상담에도 주력합니다. 어떤 과정을 거쳐야 하는지, 어떤 치료를 받을 수 있는지 궁금해하는 보호자들에게 친절하고 명확히 안내합니다. 이는 환자의 불안을 줄이고 병원에 대한 신뢰를 높이는 데 큰 도움이 됩니다. 환자와 병원, 병원과 병원 사이를 이어 주려는 센터의 노력은 때로 생명을 살리는 결정적인 역할을 합니다.

· 진료협력센터는 어떤 일을 하나요? 그리고 그 일이 왜 중요한가요?

· 환자 입장에서 병원 간 협력이 잘 이루어지지 않으면 어떤 문제가 생길 수 있을까요?

병원 꼭대기에
특별한 연구소가 있다고요?

병원 안에 있으면서 환자를 진찰하거나 치료하지 않는 공간이 있습니다. 과연 어떤 곳일까요? 바로 노동환경건강연구소입니다. 노동과 환경이라는 이름이 낯설게 느껴집니다. 도대체 왜 병원 안에 '노동'과 '환경'을 다루는 연구소가 있는 걸까요?

이는 녹색병원이 만들어진 이유에서 단서를 찾아볼 수 있습니다. 1980년대 '원진레이온'이라는 공장에서 일하던 많은 노동자가 정체불명의 병에 시달리다 쓰러졌습니다. 뒤늦게 밝혀진 원인은 바로 이황화탄소라는 독성 화학 물질이었습니다. 녹색병원은 이 사건을 계기로 만들어졌어요. 당시 치료도 중요했지만, 질병의 원인을 밝히는 일이 시급했습니다. 이러한 취지를 살려 설립된 것이 바로 노동환경건강연구소입니다.

노동환경건강연구소 로고

　연구소는 병을 발생시킨 일터 노동 환경을 조사하고 이를 개선하는 일을 합니다. 그래서 병원 안에 있으면서도 시선은 늘 일터와 사회를 향하고 있습니다. 어떤 환자가 손목 통증을 호소하며 병원을 찾았다고 가정해 봅시다. 이러한 증상은 단순히 약을 먹는다고 해서 사라지지 않습니다. 온종일 컴퓨터 앞에 앉아 일하는 환자에게 약은 일시적인 해결책일 뿐이에요. 근무 환경을 바꿔야 합니다. 그래서 연구소는 묻습니다. "의자 높이는 알맞나요?", "쉬는 시간은 충분한가요?" 병의 원인이 일터에 있다면, 진짜 치료는 그곳의 근무 환경을 바꾸는 것입니다.

　또한 연구소는 건강한 사회를 만들기 위한 여러 캠페인과 실천을 이어 가고 있습니다. 피자 30분 배달제 폐지, 마트 계산원에게 의자 제공하기, 배달 노동자의 건강을 보호하고자 택배 상자에 구멍을 뚫어 잡기 쉽게 만든 '착한 손잡이' 만들기, 환경미화원에게 씻을 권리 보장하기 같은 활동도 모두 이곳에서 시작되었습니다. 일하는 사람들이 다치거나 병들지 않게 만들기 위해 실천한, 작지만 꼭 필요한 변화였습니다.

학교로도 활동 범위를 넓혔습니다. '유자학교' 프로젝트는 유해 물질로부터 자유롭고 안전한 학교를 만들기 위한 교육 프로그램입니다. 칠판, 게시판, 학용품 등을 조사하고, 유해한 자재를 줄이기 위한 실천을 이어 가면서 학생들의 건강을 지키고 있습니다. 전국 200여 개 학급, 6000여 명이 넘는 초·중·고등학생이 6년 동안 꾸준히 함께하고 있습니다. 덕분에 어린이와 청소년의 건강한 성장을 위해 학교 환경의 유해성 물질 관리가 필요하다는 인식이 커졌습니다.

연구소는 질병 예방과 함께 사회 전체를 안전하고 건강하게 바꿔 나가는 활동을 합니다. 환자의 고통을 깊이 들여다보고 그 고통이 반복되지 않도록 환경을 바꿔 가고 있습니다. 이는 한 사회의 진정한 치유를 추구하는 녹색병원의 모습이기도 합니다.

· 직업병의 원인을 파악하려면 어떻게 해야 할까요?

· 일터나 학교 환경은 우리 건강에 어떤 영향을 미칠까요?

'거리의 진료소'는 무슨 일을 하나요?

높은 굴뚝 위, 좁은 철제 발판에 오르는 사람들이 있습니다. 그는 노동자가 아닙니다. 흰 가운을 입고 의료 가방을 든 녹색병원 의사와 간호사입니다. 이들은 건물 옥상이나 송전탑, 전광판, 공장 굴뚝 같은 위험한 곳도 마다하지 않습니다. 도대체 왜 보통 사람도 오르기 힘든 곳에 가는 걸까요?

그곳에는 고공 농성 중인 노동자가 있기 때문입니다. 오랜 투쟁 끝에 삶의 마지막 수단이라 여기며 까마득히 높은 굴뚝 위로 올라간 그는 추위와 외로움 속에서 며칠, 때로는 몇 달씩 버팁니다. 현장에 도착한 녹색병원 의료진은 탈수나 저제온 증상은 없는지 건강 상태를 확인하고 혹시 모를 응급 상황에 대비합니다.

이처럼 현장 방문은 아픈 사람의 생명을 살리고, 무엇보다 한 사람의 존엄과 권리를 지키는 행위입니다.

이런 장면은 일반적으로 우리가 흔히 떠올리는 병원의 모습과는 다르지요. 보통은 환자가 병원을 찾아오고 의사는 진료실에서 진료를 봅니다. 하지만 녹색병원은 그런 틀을 깹니다. 의료진은 환자를 기다리는 대신 직접 다가갑니다. 거리로, 공장으로, 시위 현장과 마을회관, 공동체가 있는 곳으로 향합니다. 왜 이렇게 병원 밖으로 나서는 걸까요? 아픈 사람이 항상 병원 안에만 있는 건 아니기 때문입니다. 아파도 병원에 오기 힘든 사람이 많습니다. 말이 안 통하거나 거동이 불편해서, 돈이 없거나 너무 무서워서 엄두를 내지 못합니다.

병원 밖으로 나온 녹색병원 의료진은 거리와 광장, 공장과 농장, 혹은 시위 현장이나 마을회관 한쪽에서 진료를 봅니다. 병원 밖 진료는 녹색병원이 실천하고자 하는 공공 의료를 상징합니다. 이곳에는 산업재해를 당했지만 산업재해 승인을 받지 못해 외면당한 사람들, 해고로 거리에 나선 이들, 몸이 아파도 병원비가 없어 참아야만 했던 사람들이 있습니다. 의료진은 시위 중 다친 시민을 응급 처치하고, 농성 중 감기에 걸린 활동가에게 약을 건네며, 큰 부상이 있을 때는 병원으로 이송합니다. 사람들은 이를 가리켜 '거리의 진료소'라고 부릅니다.

난민을 위한 진료도 그중 하나입니다. 녹색병원은 난민이 있는 현장을 찾아갑니다. 여기에는 통역 자원봉사자들이 참여합니다. 미등록 외국인처럼 아파도 잡혀갈까 봐 걱정돼 병원을 찾지 못하는 이들에게 가장 필요한 것은 소통입니다. 어디가 어떻게 아픈지, 무엇이 두려운지 말할 수 있어야 합니다. 아픈 사람은 누구나 치료받을 권리가 있다는 녹색병원의 원칙은 이주 노동자에게는 큰 용기와 희망이 됩니다.

거리의 진료소는 특별한 사람만을 위한 것이 아닙니다. 녹색병원은 지역 축제나 마을 행사, 노동절이나 여성의 날 같은 공공 행사에서도 건강 상담 부스를 열고 시민들과 만납니다. 혈압이나 체중을 재면서 건강 상담도 하고 노동, 인권, 공공 의료에 관한 정보도 나눕니다. 건강은 단지 병원 건물 안에서만 실현되는 것이 아닙니다. 거리와 일터, 마을과 공동체 안에서 함께 만들어져야 합니다. 그래서 의료진의 눈은 늘 진료실 밖 세상을 향합니다.

"진료실에 앉아 있으면 아픈 사람의 삶을 다 알 수 없습니다. 병원 밖으로 나가야, 진짜 아픈 이유를 들을 수 있어요."

임상혁 원장님의 이야기처럼 오늘도 녹색병원 의료진은 진료

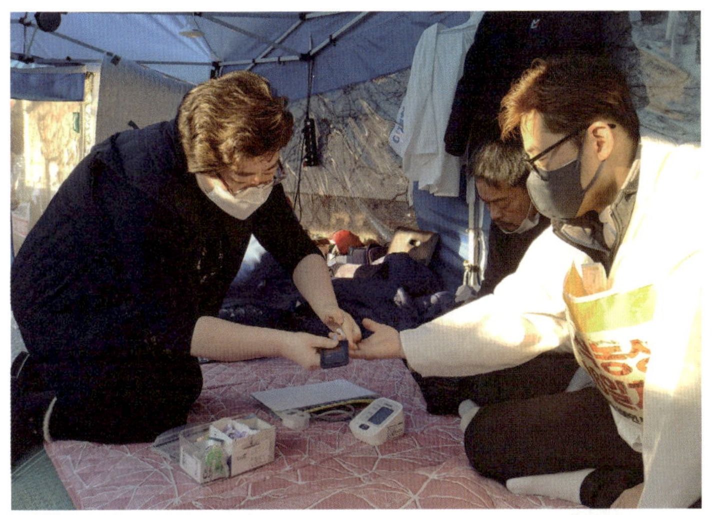

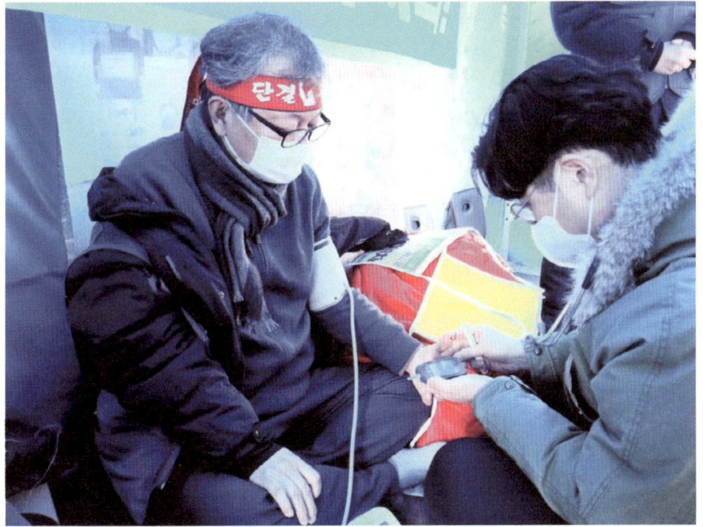

농성 중인 노동자를 진료하는 모습.

가방을 들고 병원 문을 나섭니다. 환자가 병원에 올 수 없다면 의사가 가야 한다는 믿음으로 거리로 향합니다. 녹색병원은 지금 이 순간도 거리에서, 일터 현장에서, 마을 곳곳에서 진짜 의료가 무엇인지를 묻고 답해 나가고 있습니다.

· 병원 밖으로 나가야 진짜 아픈 이유를 찾을 수 있다는 말은 무슨 뜻일까요?

· '찾아가는 병원'은 왜 필요할까요?

3장. 이런 병원 또 없나요?

녹색병원과 함께하는 사람들은 누구인가요?

녹색병원 1층 복도를 걷다 보면 벽면에 적힌 인상 깊은 글이 눈에 들어옵니다. "당신의 동행을 기억합니다." 평범한 인사말처럼 보이지만, 그 안에는 병원이 지금까지 걸어온 길과, 그 길을 함께한 수많은 이에 대한 고마움이 담겨 있습니다.

녹색병원은 수익보다 사람을 먼저 생각하는 병원, 즉 민간형 공익 병원의 길을 선택했습니다. 돈이 없는 사람도 제대로 진료받을 수 있는 병원을 만들자는 다짐으로 출발했습니다. 하지만 이렇게 병원을 운영하는 건 결코 쉬운 일이 아닙니다. 인건비와 각종 약품·장비 구입비, 건물 관리비 등 병원을 운영하는 데는 꽤 많은 돈이 들어갑니다. 수익 중심이 아닌 병원은 늘 경제적 어

"당신의 동행을 기억합니다." 복도 사진.

려움과 마주하게 됩니다. 그럼에도 녹색병원은 꿋꿋하게 공공성을 지켜 왔습니다.

그렇다면 어떻게 지금까지 그 뜻이 이어져 올 수 있었을까요? 답은 바로 후원자들 덕분입니다. 그동안 수많은 사람이 병원의 동료이자 친구로, 매달 후원금을 보내거나 기부 등을 통해 녹색

후원자들을 소개하는 그림과 명패.

병원을 응원했어요. 녹색병원 후원자는 대기업이나 유명한 단체가 아닙니다. 대부분이 우리 주변의 평범한 시민들입니다. 노동자, 주부, 학생 등 열심히 일상을 사는 보통 사람들이 작은 정성을 모아 병원을 지탱해 주고 있습니다. 어떤 이는 커피 한 잔 값을 아껴 후원하고, 어떤 이는 생일이나 결혼기념일을 맞아 후원했습니다. 작가들은 책 인세를, 학생들은 바자회 수익금을 기부하기도 합니다.

이런 동행은 국경을 넘어 이어집니다. 일본의 시민 단체와 의료인들은 녹색병원을 꾸준히 후원하고 있으며 직접 병원을 찾아와 소식을 나눕니다. 모든 사람은 건강하게 살아갈 권리가 있다는 믿음은 언어와 문화를 뛰어넘어 세계가 함께할 가치입니다. 녹색병원을 응원하는 이들은 병원이 진료한 환자 수나 수익 같은 실적을 따지며 후원하지 않습니다. 운영 철학과 실천 방식에 공감하며 손을 내밉니다. 그래서 이들의 기부는 더 나은 세상을 위한 실천이자 연대입니다.

동행자 중에는 배우 이정은 씨도 있습니다. 드라마와 영화에 출연하여 많은 사람의 사랑을 받는 이정은 배우는 2019년부터 녹색병원의 홍보대사로 활동하면서 매달 '희망진료기금'을 후원하고 있습니다. 병원 곳곳에는 그의 사진과 함께 "사람이 사람을 살

이정은 배우의 모습이 담긴 녹색병원 홍보 포스터.

리는 병원", "돈보다 생명을 먼저 생각하는 병원"이라는 문구가 담긴 포스터도 걸려 있습니다. 그녀는 인터뷰에서 이렇게 말합니다. "내가 아프지 않다는 것도 감사할 일이지만, 누군가의 치료에 도움이 될 수 있다는 건 더 큰 기적이에요." 유명인이기 이전에, 녹색병원의 철학에 공감하는 후원인으로서 함께하고 있는 것입니다.

녹색병원은 후원자와의 관계를 소중히 여깁니다. 활동 소식을 뉴스레터와 연례 보고서로 공유하고 감사의 마음을 전합니다. 작은 음악회나 강연회를 열어 후원자들을 초대하고 함께 어울리는 자리를 마련하기도 합니다. 병원이 치료의 공간을 넘어서 시민이 서로 연결되고 연대하는 공공의 커뮤니티 공간이 되기를 바라기 때문입니다.

· 병원을 운영하는 데 시민의 후원이 왜 중요한 걸까요?

· 후원자가 되는 방법은 무엇인가요?

건강한 삶과 노동을 위하여

안전한 일터를 만드는
특별한 실천

택배가 늦게 도착하기를 바라는 고객이 있다고요?

음식이나 물건을 배달받는 일은 이제 익숙한 일상이 되었습니다. 간식이든 생필품이든, 클릭 몇 번이면 집 앞까지 도착하는 세상입니다. 택배를 기다리는 그 순간은 마치 선물을 기다리는 것처럼 설레기도 하지요. 그런데 이렇게 익숙하고 편리한 서비스는 과연 누구의 노력과 시간을 바탕으로 만들어지는지 생각해 본 적이 있나요?

우리 주변에서는 다양한 이름의 빠른 배송 서비스가 운영되고 있습니다. 대표적인 것이 바로 새벽 배송, 로켓 배송 같은 쇼핑몰 배송 시스템입니다. 오후 늦게 주문해도 다음 날 아침에 물건이 도착하고 심지어 몇 시간 안에 받을 수도 있지요. 배달앱으로 주문한 음식은 순식간에 도착합니다. 이런 서비스들은 소비자에게 큰 만족감을 줍니다. 하지만 그 속도가 빨라질수록 누군가는 더 빠르게, 더 오래, 더 위험하게 일해야 한다는 사실을 아는 사람은 드뭅니다.

예전에 한 프랜차이즈 업체에서 '30분 배달제'를 운영한 적이 있습니다. 30분 안에 주문한 음식을 받아보지 못하면 음식값을 할인해 주는 방식입니다. 처음에는 고객들이 매우 좋아했습니다. 음식을 빨리 받을 수 있었으니까요. 하지만 곧 심각한 문제가 드러났습니다. 배달 기사들은 시간을 맞춰야 하는 부담으로 과속을 했습니다. 교통 신호를 무시하며 내달리는 위험한 배달이 시작된 것입니다. 좁은 골목길에서도 멈추지 않고 질주했고 보행자와 자동차 사이를 아슬아슬하게 오갔습니다. 그러다 결국 사고가 났습니다. 어떤 기사들은 크게 다치거나 심지어 목숨을 잃는 일도 생겼습니다. 특히 2011년 당시 고등학생이던 18세 청소년이 피자 배달 도중 교통사고로 사망한 사건은 많은 사람에게 큰 충격과 슬픔을 안겨 주었습니다. 그 사고의 배경에도 30분 배달제가 있었습니다. 배달이 늦은 기사들은 벌점을 받거나 수당을 삭감당하는 등 불이익을 받았습니다. 그래서 몇 분, 몇 초라도 빨리 가려고 생명을 내걸며 질주했던 것입니다.

오토바이 배달을 의미하는 안전모와 마스크를 쓰고 사망한 배달 노동자를 추모하는 사람들의 모습.

이러한 문제를 해결하고자 노동환경건강연구소가 나섰습니다. 청년유니온, 민주노총 서비스연맹 등 여러 단체, 시민들과 함께 힘을 모았습니다. 배달 노동자의 현실을 알리고 30분 배달제 폐지 캠페인을 시작하자 수많은 사람이 호응했습니다. 음식을 10분 더 빨리 받기 위해 누군가가 다치거나 죽는다면 그 편리함은 과연 정당할까요? 이 질문에 많은 사람이 공감했고 결국 처음 30분 배달제를 도입했던 피자 업체는 이 서비스를 폐지했습니다. 이를 계기로 속도보다 생명을 우선시하자는 사회적 약속이

4장. 건강한 삶과 노동을 위하여

만들어졌습니다.

　그로부터 10년이 넘게 세월이 지난 지금, 우리는 새로운 질문과 마주해야 하는 상황이 되었습니다. 다음 날 새벽에 물건을 받고 주문한 지 몇 시간 만에 물건이 도착하는 물류 시스템이 노동자들의 생체 리듬을 깨뜨리는 악조건 속에서 유지되기 때문입니다. 택배 기사들은 정해진 시간 안에 배달을 마쳐야 한다는 압박감 속에서 일하다 크게 다치거나 심지어 목숨을 잃은 경우도 생겼습니다.

　배달 노동자들의 근무 여건은 열악하기만 합니다. 교통사고의 위험과 기상 악화 속에서도 늦지 않게 배달하기 위해 끊임없이 일해야 합니다. 이는 과로와 사고로 이어지기 마련입니다. 사회 전체가 편리함에 익숙해지면서 이를 당연하게 여기고 있습니다. 도착 예정 시간이 조금이라도 늦어지면 불만을 표시합니다. 하지만 빠른 배송의 부작용은 적지 않습니다. 이를 개선하기 위해서라도 우리가 느끼는 편리함 속에는 누군가의 희생이 자리하고 있다는 사실을 잊지 않았으면 좋겠습니다.

　최근에는 배달앱 주문 메모에 '천천히 오셔도 괜찮습니다. 안전하게 오세요'라고 쓰는 고객들도 많아졌습니다. 작고 사소한 표현처럼 보이지만 우리 사회를 더 안전하고 따뜻하게 만드는 변화의 시작점이 될 수 있습니다. 과거 30분 배달제를 없앴듯이 우리는 지금도 속도보다 생명, 편리함보다 존엄을 선택할 수 있습니다. 천천히 기다리는 시간은 때로 지루하게 여겨질 수도 있습니다. 하지만 그 덕분에 누군가 다치지 않고 무사히 하루를 마칠 수 있다면 기쁘지 않을까요? 안전한 노동을 우선하는 사회야말로 우리가 함께 만들어 갈 더 나은 세상의 모습이 아닐까요?

· 로켓 배송이나 새벽 배송처럼 빠른 서비스의 장단점은 각각 무엇일까요?

· 빠른 배달 서비스의 편리함은 어떤 노동을 바탕으로 이루어지고 있을까요?

· '천천히 오셔도 괜찮아요'라는 말이 어떤 변화를 만들어 낼 수 있을까요?

마트 계산대에 의자가 생긴 이유는 무엇인가요?

마트나 편의점 계산원은 수많은 손님을 응대하고 많은 물건을 계산해야 합니다. 사람들이 기다리는 걸 싫어하니까, 짧은 시간 동안 빠르고 정확하게 계산해야 합니다. 이들은 그동안 종일 서서 일했습니다. 손님이 없는 시간에도 앉지 못한 채 계속 서 있다 보니 병도 생겼습니다. 노동환경건강연구소의 실태 조사에 따르면 마트 계산원 노동자들은 다리 부종, 무릎 및 관절 통증, 허리 디스크, 하지정맥류, 족저근막염 등 다양한 근골격계 질환(근육과 뼈 등에 생기는 병)에 시달렸습니다.

이를 개선하고자 '서서 일하는 노동자에게 의자를'이라는 캠페인이 시작되었고, 노동환경건강연구소와 여러 시민 단체, 노동 단체들이 함께 나섰습니다. 이들은 현장 조사와 의학적 근거를 바탕으로 정부와 사업주, 시민들에게 노동 환경 개선의 필요성을 꾸준히 알렸습니다. 그 결과 제도적 변화가 생겼습니다. 2011년 개정된 산업안전보건기준에 관한 규칙 제80조는 '사업주는 지속적으로 서서 일하는 근로자가 작업 중 때때로 앉을 수 있는 기회가 있으면 해당 근로자가 이용할 수 있도록 의자를 갖추어 두어야 한다'고 명시했습니다. 하지만 현실에서는 여전히 의자에 앉아서 일하지 못합니다. 그 이유는 무엇일까요? 사업주는 계산원이 앉아 있으면 손님에게 게으르다는 인상을 줄까 봐 걱정했고, 노동자는 민망해서 그냥 서서 일을 합니다.

다른 나라는 어떨까요? 영국은 산업안전보건법에서 근로자에게 적절한 의자 제공 의무를 명시하고 있으며, 슈퍼마켓의 작업 위험 평가 항목에 의자 설치 여부를 포함합니다. 미국은 인간공학 가이드라인을 통해 피로 방지 매트, 발 받침대, 지지대 등과 함께 의자 제공을 적극적으로 권하고 있습니다.

2019년 전국민간서비스산업노동조합연맹의 대형 마트 계산원 근무 환경 실태 조사는 마트나 편의점 계산원 같은 서비스업 노동자의 건강권 인식에 새로운 변화를 주었습니다. 연맹은 이를 통해 노동자의 상황을 드러냈고, 사업주에게는 법규 준수를,

노동환경건강연구소의 '서서 일하는 노동자에게 의자를' 캠페인 사진.

소비자에게는 노동자의 건강권을 존중해 달라고 촉구했습니다.

그 결과 일부 대형 유통업체부터 계산대에 의자를 놓기 시작했고, 정부는 관련 가이드라인을 만들어 배포했습니다. 오늘날 계산원이 앉아서 쉴 권리 보장은 과거보다 나아지는 중입니다. 그러나 여전히 많은 매장에서는 지켜지지 않고 있습니다. 의자 높이가 안 맞거나 눈치를 주는 바람에 계속 서 있어야 합니다.

의자 배치는 단지 편의의 문제가 아닙니다. 그것은 일하는 사람의 몸과 마음, 건강과 존엄을 지키기 위한 최소한의 배려이자 권리입니다. 계산원이 앉아서 일한다고 해서 불친절하다고 생각하는 것은 오해입니다. 일하는 사람이 건강하게 일할 수 있도록 배려하는 마음이 절실합니다.

· 여러분이 자주 가는 공간에서 서서 일하는 사람들을 본 적이 있나요?

· 계산원이 잠시 앉아 있을 수 있는 권리는 왜 중요할까요?

· 일터를 더 안전하고 건강하게 바꾸기 위해 할 수 있는 일은 무엇일까요?

   4장. 건강한 삶과 노동을 위하여

택배 상자에
왜 구멍을 뚫었나요?

스마트폰을 몇 번만 누르면 원하는 물건이 집 앞에 도착합니다. 쌀, 생수, 생필품부터 가전제품 등 필요한 거의 모든 것이 택배 상자에 담겨 찾아옵니다. 오늘날 택배가 없는 세상은 상상조차 어렵습니다. 그런데 누군가에게는 반가운 선물인 택배 상자가 누군가에게는 삶의 무게이자 고통이라는 사실을 알고 있나요?

택배 노동자와 마트 노동자들은 하루에도 수십 개, 많게는 수백 개의 상자를 옮깁니다. 그중에는 무게가 10kg을 넘는 것도 많습니다. 무거운 상자를 들고 계단을 오르내리는 택배 기사, 끝도 없이 물건을 진열하며 상자를 옮기는 마트 직원들의 손과 어깨,

허리는 하루도 쉴 틈이 없습니다.

　이처럼 반복되는 무리한 동작은 결국 허리 디스크, 어깨 관절염 같은 근골격계 질환으로 이어집니다. 이들 병은 한번 생기면 쉽게 낫지 않습니다. 통증을 참고 일하다가 더 나빠지기도 하고, 결국 일을 그만둘 수밖에 없는 상황에 놓이기도 하지요. 이 문제를 주목한 노동환경건강연구소는 택배와 유통 노동자들의 작업 환경을 조사하고 어떤 자세가 건강에 가장 부담을 주는지 분석했습니다. 결론은 의외로 간단했습니다. 바로 상자가 문제였습니다.

　무거운 상자를 들려면 손을 밑으로 넣고, 허리를 굽히고, 팔에 힘을 줘야 합니다. 이런 자세를 반복하면 몸에 무리가 갑니다. 작은 통증이 쌓이면서 결국 큰 병이 되는 것이지요. 그래서 연구원들과 활동가들은 상자에 손잡이를 만들면 어떨까 하는 생각을 했습니다. 양옆에 손을 넣을 구멍을 뚫은 '착한 손잡이'를 제안한 것입니다. 실제로 이 단순한 아이디어는 효과가 아주 컸습니다. 상자를 편안하게 잡을 수 있었고, 허리도 덜 굽히게 되었습니다.

　연구소에서는 '착한 손잡이'가 실제로 우리 몸에 어떤 영향을 주는지 실험을 통해 확인했습니다. 허리에 가해지는 하중을 약 10% 줄여 주었고, 최대 40%까지 신체 부담을 줄일 수 있다는

　　　　　　　　　　　　　　　　4장. 건강한 삶과 노동을 위하여

결과가 나왔습니다. 이 연구는 큰 반향을 일으켰습니다. 그러자 고용노동부는 2020년 12월 '상자 손잡이 가이드라인'을 발표했습니다. 5kg 이상의 물건을 담는 상자에는 손잡이 설치를 권고하고, 그 크기와 모양까지 제시했습니다. 가로 80mm 이상, 세로 25mm 이상, 타원형이나 아치형 손잡이가 적절하다고 안내했습니다.

하지만 처음에는 일부 업체에서 손잡이 도입을 꺼렸습니다. 비용이 들고 제작 공정이 복잡하다는 이유였습니다. 그러나 노동자들과 시민 사회의 꾸준한 목소리는 흐름을 바꾸었습니다. 마트 노동조합과 택배 기사들, 그리고 시민들이 함께 벌인 캠페인은 점점 더 많은 기업의 움직임을 끌어냈습니다.

우체국은 2020년부터 택배 상자에 착한 손잡이를 만들었고, 뒤이어 대형 마트와 유통업체들도 자체 브랜드 상품 상자를 도입하기 시작했습니다. 2021년 기준으로는 손잡이 설치율이 80%를 넘긴 곳도 생겼

'착한 손잡이' 표시.

습니다. 한 걸음 한 걸음의 변화가 쌓여 일하는 사람들의 건강을 조금씩 지켜내고 있는 것입니다.

'착한 손잡이'는 단지 상자에 낸 작은 구멍이 아닙니다. 누군가의 손목과 허리를 보호하기 위한 배려의 기술입니다. 효율성만을 따지던 기존 방식에서 벗어나 일하는 사람의 입장에서 생각한 결과입니다. 착한 손잡이는 타인에 고통을 줄이려는 마음에서 탄생한 발명품입니다.

『선생님, 착한 손잡이가 뭐예요?』 (배성호 글, 철수와영희 펴냄) 표지. 노동환경건강연구소 이윤근 전 소장이 초등학생들을 대상으로 한 수업 내용을 토대로 만들었다.

· 우리가 편하게 받는 택배 상자, 그 뒤에는 어떤 사람들의 노력이 숨어 있을까요?

· 상자 디자인에 노동자의 건강과 존엄을 담을 방법은 무엇일까요?

· 더 나은 일터, 더 따뜻한 사회를 위해 우리가 할 수 있는 일은 무엇일까요?

4장. 건강한 삶과 노동을 위하여

환경미화원은
왜 퇴근이 더 힘들다고 하나요?

아침 일찍 학교 가는 길이나 밤늦게 집에 돌아오는 길에 거리에서 묵묵히 일하시는 환경미화원을 본 적이 있을 것입니다. 형광 조끼를 입고 청소 도구를 움직이며 부지런히 거리를 청소합니다. 이분들이 있기에 우리는 깨끗한 거리와 생활 공간을 누릴 수 있습니다. 하지만 이분들의 근무 환경을 아는 사람은 많지 않습니다. 환경미화원은 청소 노동 후에 몸을 씻을 수 없었습니다. 옷을 갈아입을 탈의실도 변변치 않아 비좁은 창고나 복도 한편에서 옷을 갈아입고 간이 세면대에서 손만 씻고 귀가했습니다.

환경미화원의 근무 환경은 생각보다 위험합니다. 무거운 쓰레기봉투와 날카로운 폐기물, 음식물 쓰레기를 나르고 먼지와 곰

팡이를 상대해야 하기 때문입니다. 여름엔 땀에 젖고, 겨울엔 얼어붙은 손으로 일합니다. 제대로 쉬거나 씻을 공간이 제공되지 않으면 건강에 위협을 받습니다.

2009년 환경미화원의 작업복에서 버스나 지하철 손잡이보다 수백 배 많은 박테리아가 검출됐다는 조사 결과도 있습니다. 그럼에도 10명 중 7명은 씻지도 못한 채 집으로 돌아가고 절반 이상은 작업복을 그대로 입고 퇴근했다고 합니다. 이에 피부염, 기관지염, 천식 같은 질환을 앓는 사람이 많았습니다. 쓰레기 수거 차량이나 선별장에서 일하는 분 중에는 호흡 곤란을 호소하는 경우도 많았습니다. 더 심각한 것은 산업재해 비율이었습니다. 일반 노동자의 산재율이 0.7% 수준인 데 반해, 지자체 직영 환경미화원은 6.9%, 민간 위탁 사업장 환경미화원은 16.8%까지 치솟았습니다. 결국 누군가는 매일 위험을 감수하며, 거리의 청결을 지키고 있었던 것입니다.

2010년 노동환경건강연구소와 시민 단체들은 '환경미화원 건강권 강화를 위한 사업단'을 함께 꾸렸습니다. 이어서 전국 50여 개 현장을 조사했는데 그 결과는 충격적이었습니다. 샤워실과 휴게실이 갖춰진 곳은 거의 없었고, 대다수 환경미화원은 오염된 옷을 그대로 입고 귀가했습니다.

　　　　　　　　　　　　　　　　

이후 '환경미화원에게 씻을 권리를!'이라는 구호 아래 캠페인이 시작됐습니다. 실태 조사에 기반해 구체적인 요구안을 제시하면서 변화가 일어났습니다. 서울, 인천, 일부 지방자치단체에서 전용 쉼터와 샤워 시설을 설치하기 시작했습니다. 따뜻한 물로 씻고 옷을 갈아입고, 잠시라도 쉬어 갈 수 있는 공간이 마련된 것입니다. 환경미화원 휴게실은 노동자의 존엄과 사회의 응답을 담은 상징적인 공간이 되었습니다.

하지만 여전히 씻을 권리를 보장받지 못하는 사람이 많습니다. 특히 민간 위탁, 용역, 하청 등 간접 고용 형태로 일하는 환경미화원들이 바로 그들입니다. 시설 설치 의무가 없는 민간 업체들은 미화원의 권리를 보장하는 데 소극적일 수밖에 없습니다. 같은 일을 하지만, 씻을 수 있는 권리조차 다르게 주어지는 현실이 안타까울 뿐입니다.

한편 쓰레기의 무게를 줄이는 방법도 도입되었습니다. 바로 100리터 종량제 쓰레기봉투의 단계적 폐지입니다. 이들 대형 쓰레기봉투는 수거 과정에서 허리와 어깨에 큰 부담을 주었습니다. 근육 파열, 디스크, 추락 사고가 잇달았지요.

이에 여러 지자체는 100리터 봉투 사용을 줄이거나 폐지하고, 50리터 이하 봉투 사용을 권장했습니다. 쓰레기를 작게 나누면 그만큼 환경미화원의 안전과 건강을 지킬 수 있습니다. 이 역시 사람을 먼저 생각한 정책의 전환입니다.

거리의 청결은 당연한 것이 아닙니다. 누군가의 손길을 거쳤기 때문입니다. 그들의 노동을 존중하고 보호할 때 우리는 진정한 의미의 깨끗한 사회를 만들어 갈 수 있습니다. 모든 환경미화원이 일과 후에 오염된 몸으로 귀가하지 않으려면 더 많은 관심과 실천이 필요하지 않을까요.

· '환경미화원에게 씻을 권리를!' 캠페인이 중요한 까닭은 무엇일까요?

· 우리가 무심코 버린 쓰레기는 어떤 과정을 거쳐 수거될까요?

4장. 건강한 삶과 노동을 위하여

유자학교는
어떤 활동을 하나요?

학교는 다양한 활동이 이루어지는 공간입니다. 학생들은 함께 공부하고 어울리며, 뛰어놀고 운동을 합니다. 그런데 이러한 공간에 유해 물질이 있을 수도 있다는 사실을 알고 있나요? 실제로 교실, 복도, 운동장 등 학교 곳곳은 물론 책상, 필통, 체육용품, 교구 등 각종 물건에서 유해 물질이 발견된 사례가 있습니다. 공기 중에 떠다니는 먼지 속에는 알레르기를 일으키는 물질이 있을 수 있고 오래된 책상이나 매트, 체육용품 등에는 환경 호르몬이나 중금속 같은 유해 물질이 묻어 있을 수 있습니다. 어린이와 청소년은 어른보다 유해 물질에 더 민감하기에 특히 신경 써야 합니다.

이런 문제를 해결하고자 시작된 프로젝트가 바로 유자학교입니다. 유자학교는 '유해 물질로부터 자유로운 건강한 학교'를 만들자는 활동입니다. 아름다운재단, 일과건강, 발암물질없는사회만들기국민행동 등과 함께 진행해 왔으며 2025년부터는 환경부 화학물질안전원과 함께 운영하고 있습니다. 유자학교는 학생, 교사, 학부모가 함께 참여하여 학교와 삶터를 바꾸는 데 중점을 두고 있습니다.

전국 어린이, 청소년을 대상으로 한 공모전을 통해 선정된 유자학교 안전마크.

하루아침에 시작된 것이 아닙니다. 10여 년 전부터 노동환경건강연구소에서는 어린이 제품 안전 캠페인을 펼치고, 유해 플라스틱인 PVC 없는 학교 만들기 운동을 해 왔습니다. 그때부터 이미 '왜 우리 교실에 플라스틱 책상이 이렇게 많을까', '왜 유해 물질이 든 매트가 체육 시간에 그대로 쓰일까'라는 문제의식을 갖고 활동해 왔습니다. 이처럼 유자학교는 노동환경건강연구소의 오래된 실천의 연장선에 있습니다.

유자학교는 다양한 활동을 펼쳐 왔습니다. 우선 학교 안에 어

어린이 안전 환경 수업이 끝난 후 함께한 유자학교 선생님들과 어린이들 모습.

떤 유해 물질이 있는지 조사하고 이를 없애기 위해 노력합니다. 학생들이 직접 유해 물질 탐정단이 되어 교실 안의 학용품, 매트, 책상 재질 등을 조사하고, 유해 물질이 들어 있는 제품을 찾아냈습니다. 그러고 학교에 친환경 제품으로 교체해 달라고 요청했지요. 서울의 한 초등학교에서는 학생들이 역사 체험 교구에 유해 플라스틱인 PVC가 포함되었다는 사실을 밝혀내자 해당 교구를 친환경 재질로 바꾸었습니다.

학용품과 체육용품도 대상이었습니다. 우리가 흔히 쓰는 공책, 자, 볼펜, 농구공 등에 유해 물질이 있다면 사용하기가 망설여지겠죠. 그래서 유자학교에서는 KC 안전 인증을 받은 제품, 환경 마크가 붙은 학용품을 권장했고, 일부 학교는 친환경 제품으로 교체했습니다.

학생들이 스스로 캠페인을 벌이기도 했습니다. 플라스틱 줄이기 캠페인 등을 벌여 일회용 플라스틱 컵 대신 개인 텀블러를 쓰는 문화를 확산시켰습니다. 어린이 안전마크 공모전도 있습니다. 학생들이 안전한 학용품 사용을 장려하는 마크를 직접 디자인하여 응모했고, 여기서 최우수작으로 선정된 마크는 실제 학용품에 인쇄되어 사용되고 있습니다. 학생들의 아이디어가 학교를 더 나은 곳으로 바꾼 셈이지요.

이러한 활동이 반복되면서 학생들의 인식도 달라졌습니다. 단순히 깨끗한 교실이 좋다거나, 예쁜 책상이 갖고 싶다는 생각을 넘어서 건강하게 살 권리, 쾌적한 환경에서 안전할 권리에 대해 고민하게 된 것입니다. 이는 플라스틱 사용을 줄이기 위해 물티슈를 사용하지 않고 손수건을 챙기고, 실내 환기를 위해 창문을 열며, 스스로 안전마크가 있는 제품을 고르는 등 일상의 작은 실천으로 이어지고 있습니다.

학교만 바꾼 것이 아닙니다. 이들의 실천은 교육 정책의 변화로도 이어졌습니다. 서울시교육청을 비롯해 대전교육청, 전남교육청 등에서는 학교 교육 환경 유해 물질 관리 조례를 만들었고, 어린이제품안전특별법 개정을 추진하고 있습니다. 이 법이 개정되면 칠판과 게시판 등 학교 용품에도 공통의 유해 물질 안전 기준이 적용되어 안전한 교실과 학교 환경을 만들 수 있게 됩니다.

현재까지 120여 개 학교, 4000명 이상의 학생과 교사가 이 프로젝트에 함께했고, 주변으로 계속 확산 중입니다. 유자학교의 실천이 유자처럼 상큼한 변화를 만들어 가고 있답니다.

· '유자학교'라는 이름을 처음 들었을 때 어떤 느낌이 들었나요?

· 유해 물질을 줄이기 위한 캠페인을 펼친다면, 어떤 활동을 해 보고 싶나요?

· 안전하고 건강한 학교를 만들기 위해 필요한 것은 무엇일까요?

'전태일 병원'이 되겠다는 것은
무슨 뜻인가요?

2020년 10월, 전태일 열사 50주기를 맞아 청계천 전태일다리 한쪽에서 특별한 행사가 열렸습니다. 여기서 녹색병원이 "전태일 병원이 되겠습니다!"는 선언이 있었습니다. 병원 이름을 바꾼 것도 아니고, 간판을 새로 단 것도 아니었습니다. 하지만 이 선언은 그 의미가 무척 컸습니다. 병원이 누구를 위해 존재하는지, 앞으로 어떤 마음으로 진료 활동을 해 나갈지를 밝힌 다짐이었기 때문입니다.

이는 전태일 열사의 삶을 통해 새로운 희망을 만들겠다는 뜻이었습니다. 전태일은 일터에서 고통받는 노동자들의 아픔을 자신의 아픔처럼 여겼던 사람이었습니다. 그는 자기를 희생하더라

   4장. 건강한 삶과 노동을 위하여

전태일 병원이 되겠다고 선언하는 녹색병원.

도 일하는 사람들이 존중받는 사회가 되기를 원했습니다. 녹색병원은 그 정신을 이어받아 환자를 치료하는 병원을 넘어 일하는 사람의 삶 전체를 돌보는 병원이 되겠다고 한 것입니다. 여기서 녹색병원은 네 개의 가치를 중심에 두었습니다.

첫 번째는 '노동'입니다. 녹색병원은 처음부터 노동자의 병원이었습니다. 영세 사업장에서 다친 노동자, 산업재해를 입었지만 이를 입증하기 어려운 사람들, 치료비가 없어 병원에 가지 못했던 이들에게 문을 열었습니다. 배달 노동자, 건설 노동자, 청소 노동자 등 특수 고용 형태나 비정규직으로 일하며 법의 보호를 받지 못하는 노동자들에게 꼭 필요한 병원이 되고자 했죠.

두 번째는 '인권'입니다. 녹색병원은 국내 최초로 병원 안에 '인권치유센터'를 만들었습니다. 이곳에서는 국가 폭력 피해자, 장애인, 이주민, 성 소수자, 거리 농성 중 건강이 나빠진 활동가 등 사회적 약자에게 진료와 심리 상담, 의료비 지원을 합니다. 병의 경중을 따지기 전에, 사람을 있는 그대로 받아들여야 한다는 신념 때문입니다.

세 번째는 '환경'입니다. 녹색병원이 말하는 환경은 단지 자연환경만이 아닙니다. 노동 환경, 학교 환경, 생활 환경까지 포함하는 넓은 개념입니다. 유해 물질로부터 안전한 학교를 만들기 위한 '유자학교' 프로젝트도 이 가치에서 비롯된 것입니다. 병원 7층에 자리한 노동환경건강연구소에서는 일터에서 사용하는 유해 물질이 건강에 미치는 영향을 조사하고 정책을 제안하는 활동을 합니다.

네 번째는 '지역'입니다. 병원이 지역 사회와 함께 건강한 마을을 만들고자 합니다. 경제적 이유로 병원을 찾지 못하는 지역

    4장. 건강한 삶과 노동을 위하여

주민들을 위해 '지역건강센터'를 운영하고 있으며, 사회복지사, 간호사, 의사, 물리치료사 등이 함께 방문 진료를 하고 퇴원 후 돌봄, 복지 연계 등을 진행합니다. 병원은 지역의 아픔을 치유하고, 건강을 나누는 지역의 거점이 되고자 합니다.

녹색병원의 전태일 병원 선언은 병원 운영 전반에서 실천되고 있습니다. 그 대표적인 사례가 병원 내 모든 비정규직의 정규직 전환입니다. 녹색병원은 요양보호사, 조리 노동자, 청소 노동자 등 병원 비정규직 노동자들을 2021년부터 2년간 모두 정규직으로 바꾸었습니다. 환자를 돌보는 사람들도 존중받아야 진짜 건강한 병원이 된다는 믿음이 있었기에 가능한 일로, 이 또한 전태일 정신의 실천이었습니다.

녹색병원의 실천은 이제 더 큰 꿈을 향해 나아가고 있습니다. 바로 '전태일의료센터'입니다. 전태일이 남긴 나눔의 정신을 담으려는 시도입니다. '모든 노동자가 건강하길', '누구도 혼자 아프지 않도록'이라는 시민의 마음이 담긴 벽돌 하나하나가 모여 센터를 만들고 있습니다. 고통을 나누고, 몸과 삶을 함께 돌보며, 사람 사이의 연대와 신뢰를 이어 가는 병원, 이것이야말로 전태일의 꿈이자 녹색병원의 미래입니다.

· 전태일 병원이 되겠다고 선언한 까닭은 무엇인가요?

· 전태일이 살아 있다면, 지금 어떤 병원을 만들고 싶어 할까요?

· 녹색병원이 노동, 인권, 환경, 지역을 중요하게 여기는 이유는 무엇일까요?

4장. 건강한 삶과 노동을 위하여

'풀빵 나눔 정신'이란 무엇인가요?

겨울바람이 매서운 어느 날 한 청년이 따뜻한 풀빵이 든 봉지를 안고 있었습니다. 그는 버스비를 아껴 산 이 풀빵을 어린 노동자들에게 건넸습니다. 청계천에서 쌍문동까지 몇 시간을 걸어 집에 가야 했지만 그날 그의 손과 마음은 누구보다 따뜻했습니다.

청년의 이름은 전태일입니다. 그는 1970년대 평화시장에서 하루 14시간 이상 일하면서도 제대로 된 식사조차 못 하는 10대 어린 여성 노동자들의 현실에 마음 아파했습니다. 풀빵을 나누면서 남을 먼저 생각하는 연대와 나눔의 삶을 보여 주었습니다.

오늘날 전태일의 풀빵 나눔 정신을 잇는 병원이 지어지고 있습니다. 바로 전태일의료센터입니다. 이곳은 앞으로 일하는 사람들의 삶과 아픔을 함께 위로하는 공간으로 자리할 것입니다. 전태일의료센터는 일하다 다쳤지만 치료비가 부담스러워 병원 문턱을 넘지 못하는 노동자들, 건강 보험의 사각지대에 있는 이주 노동자, 불안정한 아르바이트를 전전하는 청소년들의 건강을 돌보기 위해 세워집니다.

전태일의료센터는 서울시 중랑구 면목동에 있는 녹색병원 외부 주차장 부지에 들어설 예정입니다. 과거 YH무역에서 일하던 여성 노동자들의 애환이 담긴 기숙사 자리입니다. 당시 노동자들의 희생과 아픔이 깃든 장소에 시민과 노동자가 만든 의료 기관이 들어서는 것입니다. 전태일의료센터는 시민 한 사람 한 사람의 마음이 모여 만들어진다는 점이 큰 특징입니다. 병원 건물 외벽은 후원자 이름이 새겨진 '전태일 벽돌'로 이루어질 예정이에요. 건물 그 자체가 시민 연대의 상징이 되는 것입니다.

2024년 겨울, 불법 비상계엄과 탄핵으로 나라가 어수선한 가운데 주목할 만한 사건이 일어났습니다. 농민들이 민주주의 회복에 동참하고자 트랙터를 몰고 용산으로 향하고 있었습니다. 그런데 남태령 고개에서 경찰에 제지당해 그만 고립되고 말았어요. 이때 수많은 시민이 생수와 음식, 후원금을 보냈습니다. '남태령 연대'의 물결은 전태일의료센터 후원으로 이어졌습니다. 나흘 만에 10억 원이 넘는 돈이 모였고 연말까지 2만여 명의 시민이 30억 원을 후원했습니다. "제 하루 시급입니다", "밥값을 아껴 후원합니다" 같은 메모는 특히 많은 이를 감동시켰습니다.

전태일의료센터는 시민의 따뜻한 마음이 탄생시킨 노동자 건강과 회복의 플랫폼입니다. 이곳에는 진료실은 물론 상담실, 쉼터, 도서관, 전시 공간이 들어서 환자들의 몸과 마음, 일과 삶을 돌볼 예정입니다. 의료인, 심리상담사, 사회복지사, 법률 전문가, 시민 활동가가 팀을 이루어 환자를 돌보는 통합적 진료를 선보일 것입니다.

녹색병원은 지금 전태일이 걷던 길을 함께 가고 있습니다. 그가 차비를 아껴 가며 건넸던 풀빵은 단단한 벽돌이 되어 노동자의 아픔을 품을 공간으로 다시 태어나고 있습니다. 과거 직업병 투쟁의 결과로 녹색병원이 세워졌듯이, 전태일의료센터는 시민 연대와 실천의 상징이 되고 있습니다.

지금 이 순간에도 많은 이들이 일하다 얻은 병과 상처로 고통받고 있습니다. 앞

전태일의료센터 건립 안내 페이지.

으로 세워질 전태일의료센터는 작은 사업장 노동자, 건설과 청소·배달 노동자, 특수 고용직, 영세 자영업자 등 쉽게 병원의 문턱을 넘지 못하는 이들에게 건네는 따뜻한 손길이 될 것입니다. 많은 이가 여기에 동참했으면 합니다.

· 전태일이 차비를 아껴 마련한 풀빵을 나누어 주었던 이유는 무엇일까요?

· 전태일의료센터를 왜 만들려고 하는 것일까요?

· 여러분이 전태일 벽돌에 이름을 새긴다면, 어떤 말을 남기고 싶나요?

차별 없는 의료를 향하다

녹색병원의
숨은 영웅들 이야기

녹색병원에는
비정규직이 없다고요?

병원 하면 흔히 간호사나 의사 같은 의료진을 떠올리게 됩니다. 그런데 실제로 병원에는 환자의 식사를 준비하는 조리사, 병실을 청결하게 유지하는 청소 노동자, 환자를 돌보는 요양보호사 등 다양한 직종의 사람들이 일합니다. 그런데 안타깝게도 이들 중 상당수가 비정규직입니다. 고용이 불안정하고, 임금이나 복지에서 차별을 겪는 경우도 적지 않습니다. 의료 현장의 필수 인력이지만, 소외되는 이들이 바로 이들 비정규직 노동자들입니다.

녹색병원은 이런 현실을 바꾸어 냈습니다. 2023년 1월, 녹색병원은 보건의료노조와 함께 '비정규직 제로'를 선언하며 병원

내 파견 용역 비정규직 노동자 전원을 정규직으로 전환했습니다. 그 대상은 요양보호사, 조리사, 청소 노동자였습니다. 녹색병원이 실천하는 '비정규직이 없는 병원'은 사회적으로 크게 주목받고 있습니다.

녹색병원의 노동자 정규직화는 단기간에 한꺼번에 이루어진 일이 아닙니다. 2021년 7월, 병원 노사 간에 비정규직을 없애겠다는 합의가 이루어지면서, 그해 재활 간호·간병 통합 병동에서 일하던 요양보호사들이 먼저 정규직으로 전환되었습니다. 2022년 1월에는 조리사, 2023년 1월에는 청소 노동자들이 정규직으로 바뀌면서 약 1년 6개월 만에 모두 정규직으로 전환되었습니다.

병원 운영 측면에서 보면 쉽지 않은 선택이었습니다. 정규직 전환은 인건비 증가로 이어지기 때문입니다. 그런데도 녹색병원은 용역업체와 인력 계약을 맺는 대신 병원이 직접 채용하는 방식을 택했습니다. 용역비를 내부 인건비로 전환하고 이를 통해 정규직 임금을 감당하고자 했습니다.

정규직 전환으로 고용 형태만 바뀐 것은 아닙니다. 그동안 비정규직으로 일하던 노동자의 임금은 최대 9.46% 인상되었고 휴식 시간도 보장되었습니다. 복지 혜택이 정규직과 똑같이 적용

녹색병원의 '비정규직이 없는 병원' 선언 모습.

되니 소속감이 커졌습니다. 병원에서 일하는 모든 사람이 동료로 존중받기 시작한 것입니다. 사람들은 정규직이 되고 나니 일터에 대한 애정과 책임감이 더 생겼다고 합니다. 이용자들은 병원 밥이 더 맛있어지고 이전보다 분위기가 밝고 깨끗해졌다고 입을 모읍니다.

정규직화 배경에는 병원의 역사와 철학이 자리하고 있습니다.

　　　　　5장. 차별 없는 의료를 향하다

처음부터 '사람을 중심에 두는 병원', '차별 없는 병원'을 지향했기 때문입니다. 병원과 노동조합은 '환자를 차별하지 않듯, 일하는 사람도 차별받지 않아야 한다'는 가치에 공감했습니다. 처음에는 걱정도 있었지만, 신뢰를 바탕으로 큰 갈등 없이 정규직 전환이 이루어졌습니다.

녹색병원의 사례는 의료 기관이 환자는 물론 함께 일하는 사람들의 삶까지도 품고 성장해야 한다는 점을 잘 보여 줍니다. 지금도 많은 병원에서 비정규직 노동자들이 일하고 있습니다. 청소, 조리, 간병 업무를 하는 노동자들이 그렇습니다. 녹색병원의 선택이 작은 변화의 시작이었으면 좋겠습니다. 이를 본받아 더 많은 병원과 기관들이 차별 없는 일터를 만들어 가는 데 동참하기를 바랍니다.

· 일터에서 비정규직과 정규직 간 차이점은 어떻게 드러날까요?

· 녹색병원이 비정규직을 정규직으로 바꾼 이유는 무엇일까요?

· 우리 사회에서 '차별 없는 일터'를 만들기 위해 어떤 노력이 필요할까요?

병원 사람들은
어떤 일을 하나요?

병원은 환자와 의사만 있는 공간이 아닙니다. 다양한 분야에서 많은 사람이 각자 맡은 일을 합니다. 병원이 제대로 운영되려면 눈에 보이지 않는 수많은 손과 마음이 서로 연결되어야 합니다. 환자가 병원에 들어서는 순간부터 진료를 받고 검사와 치료를 거쳐 회복하고 퇴원하기까지, 수십 개 직종 사람들이 유기적으로 움직입니다.

녹색병원에는 600여 명의 직원이 있습니다. 이들은 각자의 자리에서 환자의 건강과 회복을 위해 최선을 다합니다. 40여 명의 전문의를 포함한 진료과 의사, 230여 명이 간호사, 70여 명의 간호조무사 그리고 50여 명의 병동 보호사를 비롯하여 물리치

5장. 차별 없는 의료를 향하다

료사, 작업치료사, 임상병리사, 방사선사, 약사, 영양사, 조리사, 청소 노동자, 사회복지사, 원무 행정 직원, 진료 협력 담당자까지, 다양한 분야의 전문가들이 함께 일합니다.

한 건의 수술에는 집도 의사뿐 아니라, 환자의 통증을 관리하는 마취통증의학과 전문의, 수술 전후 상태를 면밀히 살피는 수술실 간호사와 회복실 간호사, 수술 기구를 준비하는 담당 직원, 그리고 수술이 끝난 후 환자의 회복을 살피는 병동 간호사와 보호사까지 한 팀으로 움직입니다. 수술이 끝나면 재활을 위한 과정이 기다리고 있습니다. 환자가 다시 예전처럼 자연스럽게 걸을 수 있도록 물리치료사와 작업치료사가 나섭니다. 이들은 환자의 회복 단계에 맞춰 운동과 재활 치료를 설계하고 연습을 돕습니다. 사회복지사도 중요한 역할을 합니다. 심리적인 불안을 안고 있는 환자나 가족의 고통을 들어주고 복지 제도나 지원 기관을 연결해 줍니다. 이처럼 치료와 돌봄은 별개의 것이 아닙니다. 의학적인 절차는 물론 마음을 살피고 일상을 회복하도록 돕는 일이 종합적으로 이루어질 때 진정한 치유가 가능합니다.

병실과 복도, 화장실 등을 깨끗하게 관리하는 청소 노동자도 빼놓을 수 없습니다. 감염 예방을 위해 손이 닿는 모든 공간을 정성껏 닦고, 폐기물 관리까지 책임지는 이들의 노동은 환자의 안전과 직결됩니다. 하루 세 끼, 수백 명분의 식사를 준비하는 조리 노동자도 있습니다. 식사는 영양 공급과 함께 삶의 리듬을 유지해 주는 중요한 역할을 합니다.

병원 건물에 들어서면 접수창구의 행정 직원을 만납니다. 원무과에서는 진료 기록을 관리하고 진료비를 안내합니다. 외부 병원과의 협력을 조율하는 진료협력센터 직원도 있습니다. 현재 녹색병원은 300여 개의 병상을 운영합니다. 하루 평균 4건 이상의 수술이 이뤄지고, 230여 명의 환자가 입원 치료를 받고 있습니다. 이를 위해 600여 명의 병원 구성원이 긴밀하게 협력하고 있습니다.

녹색병원은 지난 20여 년간 '건강한 몸, 건강한 노동, 건강한 사회'라는 가치를 추구해 왔습니다. 환자가 건강해지려면 환자를 돌보는 일을 하는 사람도 건강해야 합니다. 그래서 녹색병원은 그 안에서 일을 하는 노동자를 동료로서 존중하고자 노력해 왔습니다. 어떤 일을 맡고 있든, 어떤 유니폼을 입고 있든, 모두가 녹색병원의 소중한 구성원입니다. 의사가 세운 진료 계획이 실제로 환자의 건강과 삶을 회복하려면 수많은 손과 마음이 함께 움직여야 합니다. 환자 한 사람의 건강을 위해 수십 명의 노동이 연결되는 것입니다.

  5장. 차별 없는 의료를 향하다

· 병원에서는 어떤 직종의 사람들이 일하고 있을까요?

· 우리가 병원에서 자주 만나지 못하는 '보이지 않는 손들'은 어떤
 일을 할까요?

재활센터는
무슨 일을 하나요?

녹색병원 꼭대기인 7층에 가면 창밖으로 탁 트인 전망이 펼쳐집니다. 병원 재활팀이 환자들과 함께 시간을 보내는 곳입니다. 이곳에서 환자들은 아픈 몸을 회복하여 일상으로 돌아갈 준비를 합니다. 이를 위해 재활 치료사들은 매일 이 공간에서 환자의 아픔에 공감하며 통증을 덜어 주고 다시 걷고 움직이며 살아갈 수 있도록 돕습니다.

재활 치료실에서는 물리치료사, 작업치료사, 언어치료사 등 다양한 전문가들이 함께 일합니다. 물리치료사는 근육과 관절의 움직임을 되찾도록 돕고, 작업치료사는 식사나 옷 입기 등 일상 생활에 필요한 활동을 회복하도록 돕습니다. 언어치료사는 뇌

     5장. 차별 없는 의료를 향하다

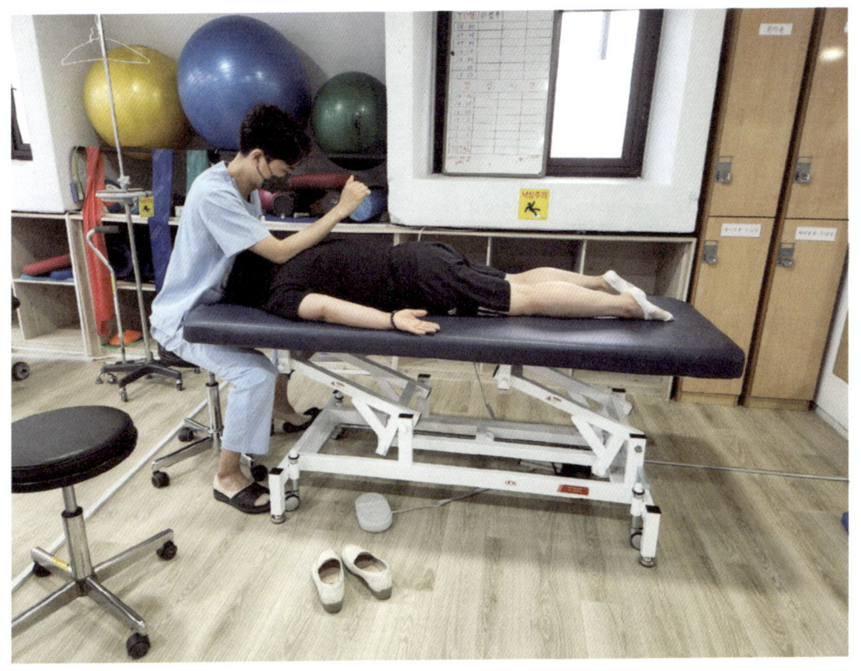

재활 치료를 하는 물리치료사의 모습.

손상이나 기타 질환으로 언어에 어려움을 겪는 환자들이 의사소통 기능을 회복하도록 돕습니다. 이들은 환자가 일상을 회복하는 길을 함께하는 동반자입니다.

인력과 시간 부족으로 환자의 고충을 제대로 듣지 못하는 경우가 있습니다. 녹색병원 재활 치료실은 이런 일이 생기지 않도록 최대한 환자와 소통하려고 합니다. 환자 한 사람 한 사람의 이야기에 귀를 기울이고 재활 치료를 계획합니다. 이때 창밖으로 보이는 하늘과 산, 도심의 풍경은 환자에게 큰 위로가 됩니다. 몸이 불편해 외출이 어려운 이들이 햇볕을 쬐고 바깥세상을 내려다보며 마음의 답답함을 조금이나마 덜어냅니다. 재활팀은 이곳에서 환자들과 함께 음악을 들으며 이야기를 나누기도 합니다.

재활팀 사람들은 회복의 과정을 통해 환자들 상태가 나아지는 모습을 볼 때면 큰 보람을 느낀다고 합니다. 실제로 처음엔 침대에서 몸을 일으키는 것도 힘들어하던 분이 훈련을 통해 계단을 오르고 자신감을 되찾는 모습은 무척 감동적입니다.

녹색병원 재활센터의 치료사들은 눈높이가 언제나 환자에 맞춰져 있습니다. 아픈 몸 때문에 자신감을 잃은 환자들을 배려하고자 말투 하나에도 신경을 씁니다. 설명도 천천히, 손길도 조심스럽게 건넵니다. 그렇게 신뢰가 쌓여갈 때 환자들도 힘을 내고 건강을 회복할 수 있다고 합니다. 누구보다 낮은 자세로 환자의 삶에 다가가는 이 조용하고 소중한 동행이 앞으로도 계속 이어지길 바랍니다.

· 재활 치료를 받는 분들에게 필요한 것은 무엇일까요?

· 여러분이 누군가의 회복을 돕는다면 어떤 방식으로 힘이 되어 주
  고 싶나요?

간호사는
무슨 일을 하나요?

병실 사이를 조용히 오가며 환자의 상태를 살피고 친절하게 상담하다 응급 상황이 되면 의사와 함께 발 빠르게 행동하는 분들이 있습니다. 바로 간호사입니다. 환자의 회복 뒤에는 이들의 노력과 헌신이 숨어 있습니다.

녹색병원 간호부에는 가장 많은 직원이 있습니다. 간호사 230여 명, 간호조무사 70여 명, 보호사 50여 명 등 무려 350명이나 됩니다. 이들의 유기적인 협업은 병원 업무의 중요한 축을 담당합니다. 간호부 사람들은 병동, 수술실, 응급실, 중환자실, 외래, 내시경실 등에서 환자 가장 가까이에서 하루를 보내고 있습니다. 낮, 저녁, 밤으로 이어지는 교대 근무는 무척 힘듭니다. 생체 리듬을 깨뜨리고 친구나 가족과 함께할 시간도 빼앗아 갑니다. 그런 고단함 속에서도 간호사들은 환자 곁을 지킵니다. 말투와 표정 하나도 놓치지 않기 위해 눈을 떼지 않고 필요한 약을 챙기며 응급 상황이 생기면 누구보다 먼저 달려갑니다.

녹색병원 간호부는 '사람' 중심의 공동체입니다. 다른 사람을 돌보는 간호사는 스스로도 보호받고 존중받아야 합니다. 녹색병원 간호부는 이를 위해 업무와 삶의 균형을 맞추고자 노력합니다. 대표적인 예가 '인계 시간 줄이기 캠페인'입니다.

간호사들은 자기 업무를 교대자에게 넘겨야 퇴근할 수 있습니다. 그런데 갑자기 일이 생기면 인계를 못 해서 퇴근이 몇 시간씩 늦어지기도 합니다. 이런 일을 줄이고자 간호사 간 인계 과정을 효율적으로 정리하는 시스템을 만들고, 병동별 지침을 통일된 매뉴얼로 정리했습니다. 또한 안정적으로 일에 전념하도록 업무 매뉴얼과 교육 영상을 제작했습니다. 수술 전후에 필요한 간호 업무나 환자를 돌보는 법에 관해 동영상을 만드는 한편, 간호조무사와 보호사 간 업무 구분을 명확히 함으로써 중복과 분쟁의 소지를 줄였습니다. 이는 간호사 개인을 위한 것이자 환자에게 더 나은 간호 서비스를 제공하기 위한 노력입니다.

녹색병원 간호부는 환자와 아픔을 함께합니다. 고된 노동 속에서도 환자 퇴원 소식에 기쁨을 나누고 불안해하는 보호자에게 따뜻한 말을 건넵니다. 이러한 노력은 이용자들에게 큰 힘이 되었습니다. 최근에는 녹색병원이 '간호·간병 통합 서비스 우수 기관'으로 선정되었습니다. 환자의 고통을 함께했던 간호사들의 진심이 통했기 때문에 가능한 일이었습니다.

간호사들도 각자의 삶을 살아가는 평범한 이웃입니다. 누군가의 딸이자 아들이며 주말이면 텃밭을 함께 가꾸는 가족입니다. 그러다 유니폼을 입는 순간 아픈 이들을 보듬는 작은 영웅이 되어 따뜻한 돌봄을 실천합니다. 그들은 오늘도 치료와 회복의 현장에서 묵묵히 일하고 있습니다.

· 간호사를 '보이지 않는 영웅'이라고 하는 이유는 무엇인가요?

· 간호사가 일과 생활의 균형을 지키는 것이 왜 중요할까요?

· 우리 주변에서 '숨은 영웅'으로 불릴 수 있는 사람들은 또 누가
  있을까요?

병원에서 사진전이
열렸다고요?

깊은 밤, 병실에 적막과 어둠이 내려앉을 때 환자들 위로 조용히 드리운 어둠 속에서 작은 등불을 들고 병동을 도는 한 사람이 있습니다. 조용히 그러나 단호한 걸음으로 환자 곁을 지나는 그녀…. 나이팅게일이 '등불을 든 여인'으로 불린 이유를 이 사진은 침묵 속에서 고요히 말하고 있습니다. 녹색병원 간호부가 주최한 사진전 '숨은 순간, 따뜻한 시선'에는 이런 장면들로 가득합니다. 병동에서, 응급실에서, 복도 끝의 의자에서 우리 곁에 늘 있었지만, 쉽게 지나쳤던 순간들, 그 작고 조용한 장면들이 간호사의 시선으로 기록되어 하나의 이야기로 다시 태어났습니다.

사진전은 간호사들이 직접 포착한 순간들을 공모하고, 내부

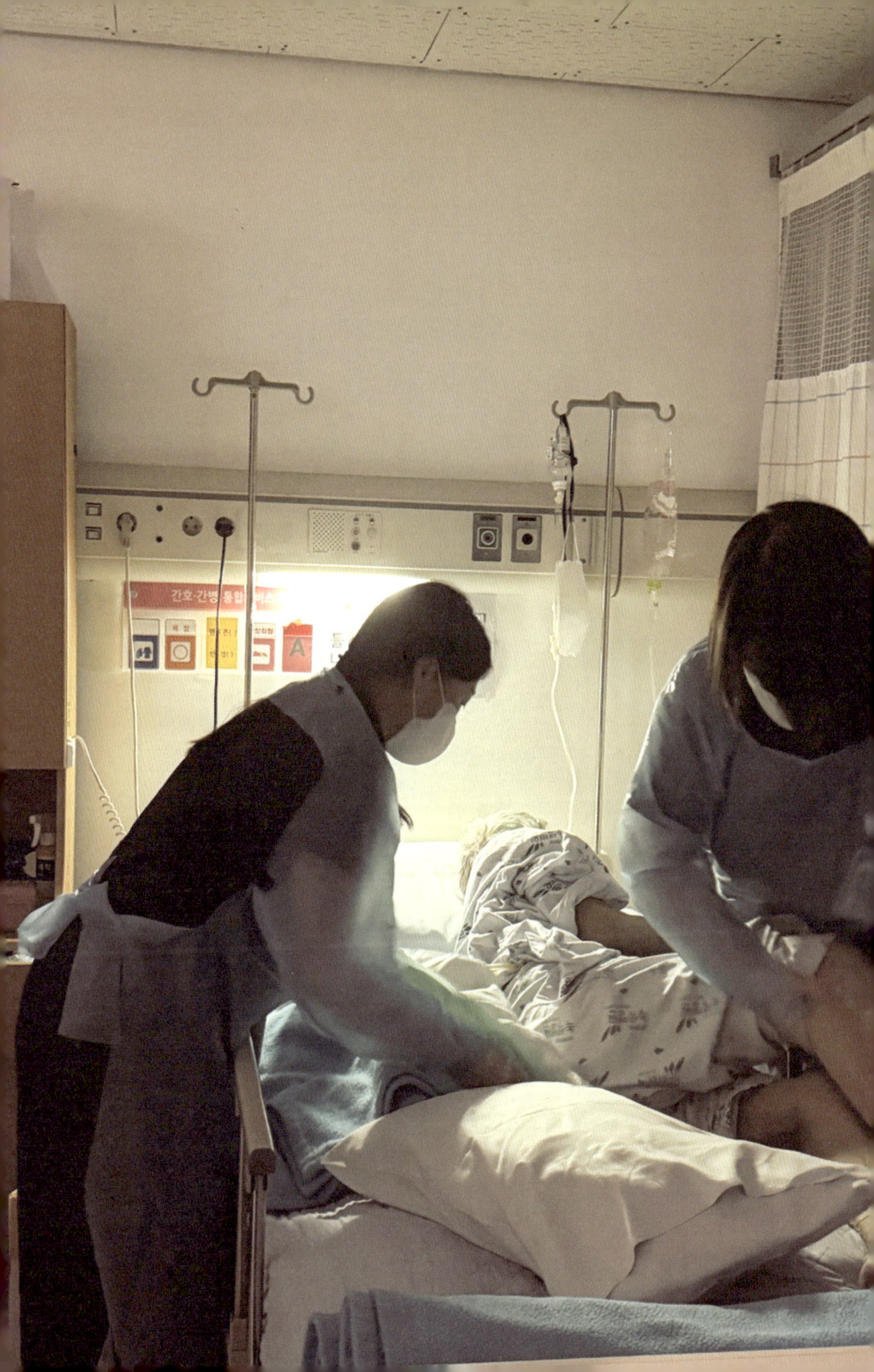

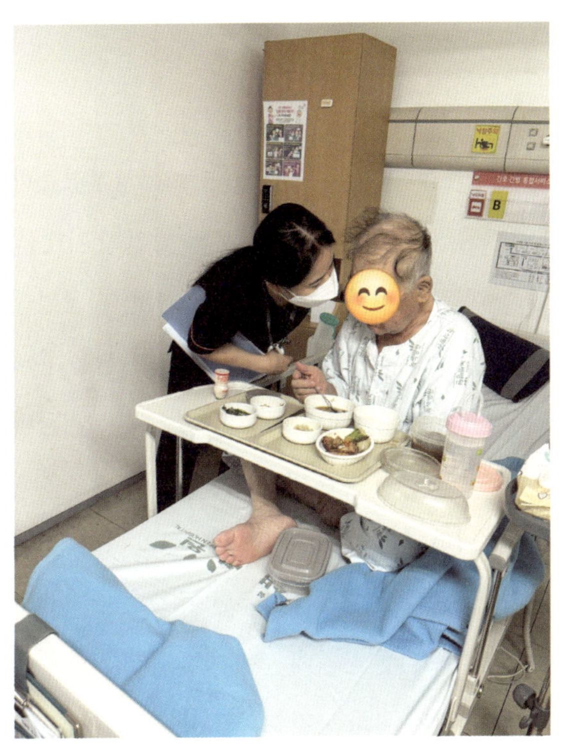

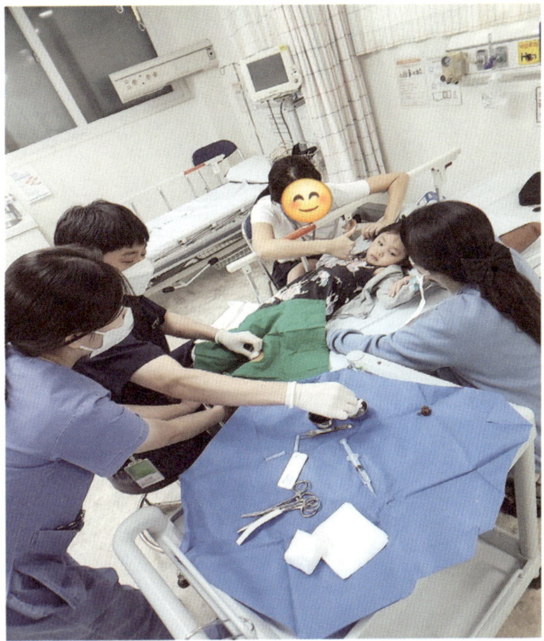

녹색병원 간호부 제1회 임상 사진전
"히든 히어로" 수상작들.

심사를 거쳐 수상작을 선정했습니다. 전문 사진가의 렌즈가 아닌, 돌봄의 눈으로 바라본 하루하루였습니다. 전시된 사진에는 응급실의 긴박한 순간부터, 창가에 기대선 짧은 쉼까지, 돌봄의 현장을 바라보는 진심 어린 시선이 담겼습니다. 그중에는 응급실 의료진이 어린 환자의 다리에 남을 흉터를 줄이기 위해 몰두하는 순간을 담은 작품도 있습니다. 지금의 상처가 평생의 아픔으로 남지 않길 바라는 마음, 그것이 간호의 출발점임을 말해 줍니다. 기술이 아닌 태도, 손길이 아닌 마음이 먼저였던 순간, 의료진의 그 따뜻한 마음이 기억에 남습니다.

또 다른 사진에는 귀가 잘 들리지 않는 환자에게 좀 더 가까이 다가가 말하는 간호사가 등장합니다. 청력이 약하니 시선과 표정, 손짓으로 말합니다. '조금 더 가까이' 다가섬이야말로 돌봄의 언어이며 환자와 신뢰를 쌓는 첫걸음입니다. 마음의 거리를 좁히는 일이 얼마나 중요한지 사진은 담담히 보여 줍니다.

이 밖에도 사진전에는 다양한 돌봄의 장면들이 등장합니다. 응급 호출 벨 소리에 달려가는 간호사의 뒷모습…. 흐트러진 유니폼, 환자 침대 주위에서 오가는 빠른 손놀림…. 그 긴박함 속에서도 환자와 눈을 마주하는 일은 빠지지 않습니다. 그 눈빛 하나에 안심하고, 손길 하나로 위로를 받습니다.

사진전은 간호사의 하루를 조용히, 그러나 깊이 있게 보여 주었습니다. 환자 곁을 지키는 손길, 보호자의 불안을 먼저 알아보는 눈빛, 동료와 나누는 짧은 웃음, 그리고 자기 자신을 지키기 위한 아주 짧은 숨 고르기까지, 모두 간호의 일부이자, 인간적인 순간입니다. 진짜 영웅은 가까이에 있습니다. 간호사들은 오늘도 병원의 구석구석에서 조용히 손을 내밀고, 눈을 마주치며 하루를 보냅니다. 이들 숨은 영웅이 있어 아픔은 덜 외롭고, 치유의 공간은 조금 더 따뜻해집니다.

· 병원에서 사진전이 열린 이유는 무엇인가요?

· 왜 사람들이 사진 작품을 보고 감동했나요?

· 숨은 영웅(히든 히어로)은 누구를 가리키는 말인가요?

영양팀은
어떤 일을 하나요?

아직 어두운 새벽, 녹색병원 조리실에 불이 환히 켜집니다. 환자들이 하루를 건강하게 시작할 수 있도록 따뜻한 식사를 준비하는 시간입니다. 이른 시간부터 조리사와 조리원은 분주하게 움직입니다. 일반식은 물론 씹거나 삼키기 어려운 환자를 위한 부드러운 반찬과 죽 등을 꼼꼼하게 준비합니다. 그릇마다 '내 가족이 먹는 음식'이라는 마음이 담겨 있습니다.

이곳은 바로 녹색병원 영양팀입니다. 이들이 하는 일은 단순히 식사를 제공하는 데 그치지 않습니다. 병원에 머무는 모든 이들의 건강과 기분을 책임지는 조력자입니다. 2022년 1월 1일, 녹색병원은 그동안 외주 업체에 맡기던 병원 구내식당을 직영 체제로 하고 모든 조리 노동자를 정규직으로 전환했습니다. 이후 병원 식당은 '병원 맛집'이라는 별명을 얻었습니다. 환자들이 남긴 엽서에는 '밥맛이 좋다', '식사가 정성스러워 기분 좋게 먹었다'는 칭찬으로 가득합니다. 환자는 물론 직원들도 영양팀이 만든 음식에서 정성과 따뜻한 마음을 느낍니다.

영양팀의 하루는 바쁘게 돌아갑니다. 아침 배식을 마치면 잠깐 숨을 돌리고 곧바로 점심 준비에 들어갑니다. 이때 다량의 음식을 한꺼번에 만들지 않고, 50인분 단위로 조리하는 방식을 고수합니다. 바로 만든 따끈한 음식을 대접하고 싶은 마음 때문입니다. 한 번에 모두 만드는 것보다 손이 많이 가고 힘도 들지만, "맛있게 먹었다"는 말 한마디가 고단함을 잊게 해 줍니다.

병원에서 하루 식사를 준비하는 일은 간단하지 않습니다. 영양사는 환자의 혈액 검사 결과를 분석하고, 영양 상태를 점검한 뒤, 맞춤형 식사를 기획합니다. 식사가 어려운 환자에게는 고단백 젤리나 영양 음료를 챙깁니다. 또 환자들이 어떤 음식을 좋아하고 어떤 음식을 꺼리는지 파악하고 영양 상담을 위해 병실 순회를 주기적으로 진행합니다.

음식의 맛과 영양만큼이나 중요한 것이 위생과 안전입니다. 매일 들어오는 식재료의 상태를 확인하고, 유통 기한이 지난 식

녹색병원 영양팀의 조리사와
영양사의 모습.

5장. 차별 없는 의료를 향하다

재료는 사용하지 않습니다. 따뜻한 음식은 온장고에, 차가운 음식은 냉장고에 구분해 보관합니다. 매일 수백 명분의 식사를 준비하면서, 국내산 김치와 좋은 국내산 쌀, 당일 들어온 식재료만 사용한다는 원칙을 고수합니다. 직접 멸치로 육수를 내는 것도 영양팀만의 정성이자 자부심입니다.

이러한 노력은 병원에 머무는 환자에게 치유가 되고, 직원들에게는 오늘 하루를 보낼 힘이 됩니다. 고기를 먹지 않는 사람을 위해 '비건데이'를 운영하거나, 특별식을 준비하는 등의 작은 변화도 기획합니다. 이들은 식사를 단순한 '급식'이 아니라, 하루의 감동과 활력을 만드는 '행복의 식탁'으로 여깁니다.

현재 영양팀에는 조리사 3명, 조리원 15명, 영양사 5명, 총 23명이 함께 일하고 있습니다. 각자의 역할은 다르지만 모두가 한마음으로 움직입니다. 이들은 환자의 회복을 돕는 숨은 일꾼이며, 병원의 또 다른 얼굴입니다. 오늘도 부드러운 죽과 따끈한 국을 끓이면서, 음식을 통해 사람을 돌보고 위로하는 일을 해내고 있습니다. 녹색병원의 영양팀은 단지 맛있는 밥을 짓는 사람들이 아닙니다. 누군가의 건강을 지키고, 행복을 짓는 사람들입니다.

· 병원 식사가 치료의 일환이라는 것은 어떤 의미일까요?

· 왜 녹색병원은 외주를 멈추고 직접 식당을 운영하게 되었을까요?

· 우리 주변에서 눈에 잘 띄지는 않지만 꼭 필요한 노동으로는 어떤
  것들이 있을까요?

     5장. 차별 없는 의료를 향하다

녹색위원회란
무엇인가요?

녹색병원에는 특별한 모임이 있습니다. 바로 '녹색위원회'입니다. 병원에서 일하는 사람들이 함께 배우고 토론하며 다양한 활동을 이어 가는 모임입니다. 이름만 보면 행정적인 조직처럼 느껴질 수도 있지만, 실제로는 자발적으로 꾸려진 따뜻하고 생동감 있는 모임입니다.

녹색위원회는 사실 20여 년이 넘는 역사를 갖고 있습니다. 2004년 '기획위원회'라는 이름으로 시작되었고 2010년부터는 지금의 이름으로 바뀌었거든요. 해마다 부서별로 추천을 받아 10명에서 15명 정도의 직원이 참여합니다. 이들은 정기적으로 모여 책을 읽고 서로의 생각을 나눕니다. 영화를 함께 보며 의료나 사회 문제를 토론하고 강연을 듣거나 전문가를 초청해 대화를 나누기도 합니다.

병원 밖으로 탐방을 떠나거나 바자회, 송년 행사, 어르신 돌봄 기금 마련 행사 등을 기획하고 운영합니다. 지역 사회와 함께하는 봉사 활동도 꾸준히 참여하는 등 녹색위원회는 배우고 실천하는 공동체로 병원에 활기를 불어넣고 있습니다.

보통 녹색병원처럼 규모가 큰 일터에서 일하는 분들은 부서가 다양하고 업무 성격도 달라 서로 모르고 지낼 때가 많습니다. 그래서 녹색위원회에서는 일하는 사람들이 자연스럽게 어울리며 친해지고 협력할 기회를 제공합니다. 일주일에 한 번씩, 1년 동안 꾸준히 수십 차례 만남을 통해 소통합니다. 이를 통해 서로를 이해하고 병원의 미래를 고민하면서 더 나은 의료와 더 나은 세상을 함께 모색합니다.

녹색위원회는 병원의 철학을 공유하는 교육 기관 역할도 합니다. 병원이 왜 존재하는지, 어떤 가치를 중요하게 여기는지, 진짜 '좋은 의료'란 무엇인지 함께 공부하면서 스스로 생각을 키워갑니다. 이런 배움은 현장에서 발생하는 문제를 해결하는 데 도움을 줍니다. 실제로 녹색위원회 초기에 활동했던 사람 중에는 현재 병원에서 주요 책임을 맡은 분이 많습니다. 이들은 그동안 책을 읽고, 글을 쓰고, 의견을 나누며 공감 능력과 리더십을 길러 왔습니다. 녹색위원회는 병원의 내일을 함께 열어 갈 사람들을 성장시키는 자양분 역할을 하고 있습니다.

의료 활동은 단순히 약을 처방하거나 치료하는 데 그치지 않습니다. 인간의 생명과 건강을 소중히 여기며 사람을 중심에 두는 철학이 있어야 진정한 의료를 실천할 수 있습니다. 이런 철학은 저절로 생기지 않습니다. 끊임없이 배우고 나누며 함께 실천하는 과정에서 자라납니다. 녹색위원회가 그 마중물이 되어 준 것입니다.

녹색병원도 녹색위원회의 활동을 소중하게 여깁니다. 그래서 위원들이 활동에 집중할 수 있도록 배려하고 응원합니다. 처음에는 낯설고 어렵다가도 시간이 지나면 자연스레 동료들과 함께 성장하며 보람을 느끼게 됩니다. 이는 병원 전체에 긍정적인 영향을 미칩니다. 녹색위원회에 병원의 철학을 이해하고 실천하는 사람이 많아지면 병원이 발전할 원동력이 됩니다. 우리 학교나 지역에도 이런 배움과 실천 모임이 있으면 좋겠습니다.

· 왜 녹색위원회 같은 모임이 필요할까요?

· 서로 다른 부서 사람들이 함께 모여 활동하면 어떤 점이 좋을까요?

· 우리 학교나 지역에 이런 배움과 실천 모임이 있다면 무엇을 하고 싶나요?

5장. 차별 없는 의료를 향하다

요양보호사가 감사 편지를
보낸 이유는 무엇인가요?

병원을 찾는 사람들은 마음이 무겁습니다. 치료비 걱정, 병에 대한 두려움, 치료 과정에 관한 불안, 사회적 차별과 외면으로 인한 상처 등이 있기 때문입니다. 특히 가난한 사람, 의료 사각지대에 있는 사람 등은 병원을 찾기 어렵습니다. 그래서 녹색병원은 이들에게 손을 내밀고자 많은 노력을 하고 있습니다.

2021년 2월, 눈이 많이 내린 새벽. 학교에서 비정규직으로 일하던 한 노동자가 출근길에 넘어지며 어깨를 심하게 다쳤습니다. 통증은 어깨에서 시작해 목과 골반, 무릎, 발목까지 온몸으로 퍼졌고, 여러 병원에 다녔지만 나아지지 않았습니다. 그렇게 시간만 흘러가던 중, 학교 비정규직 노조를 통해 녹색병원의 '건강한 동행' 프로그램을 알게 되었습니다. 다행히 휴가와 방학 기간에 근골격계 집중 재활 치료를 받고 상태가 호전되었습니다.

코로나19 팬데믹 시기에 특히 위험에 노출된 사람들이 바로 돌봄 노동자들이었습니다. 예컨대 요양보호사는 고령의 어르신들을 돌보며 누구보다 조심스럽고 힘겹게 하루를 보내야 했습니다. 하지만 이들의 건강 상태는 잘 알려지지 않았습니다. 당시 녹색병원은 서울시 어르신돌봄종사자 종합지원센터와 함께 270명의 요양보호사에 대한 폐렴과 대상포진 예방 접종을 지원했습니다. 일부는 의료비 지원까지 받을 수 있도록 도왔습니다. 한 노동자는 이렇게 감사의 뜻을 표했습니다. "돌봄 노동자를 향한 병원의 관심이 우리에겐 큰 힘이 됩니다. 우리도 누군가에게 돌봄을 받을 수 있다는 것을 처음 느꼈어요."

의료 지원은 국적이나 신분을 따지지 않고 필요에 따라 제공되어야 한다는 것이 녹색병원의 원칙입니다. 몽골 국적의 미등록 이주민 가족은 둘째 아이가 뛰어놀다 코를 다쳐 피가 나고 붓는 사고를 당했습니다. 많이 다쳤을까 걱정이 들었지만, 문제는 치료비였습니다. 건강 보험이 없어 병원에 가는 것조차 부담스러웠던 이 가족은 우연히 녹색병원의 미등록 이주 아동 의료 지원 사업을 알게 되었고, 덕분에 병원에서 검사를 받고 무사히 치료를 마칠 수 있었습니다. 그는 말했습니다. "우리 아이들은 크게 아프지 않으면 병원에 갈 수 없었어요. 이번에는 병원에서 꼭 필요한 치료를 받을 수 있어 얼마나 다행인지 몰라요."

또 다른 보호자는 이렇게 말합니다. "건강 보험이 없는 외국인 이주 아이들이 예방 접종 주사를 맞을 수 있고, 다쳤을 때 진료를 받을 수 있다는 것이 얼마나 고마운 일인지 모릅니다. 우리도 이 나라에서 열심히 살고 있고, 아이들은 미래의 국민입니다. 이 사업이 없다면 우리는 아픈 아이들을 보고만 있었을 겁니다."

이처럼 녹색병원은 우리 사회가 미처 품지 못한 사람들의 곁에 서고자 노력합니다. 그들의 아픔을 듣고 함께 돌보고, 문제를 해결하려고 합니다. 환자에게는 치료받을 수 있다는 믿음과 함께 내 편이 되어 함께해 줄 동행이 필요합니다.

- 제도 밖에 있는 사람들도 치료받을 수 있어야 한다는 말에 공감하나요?

- 병원에 가는 것이 '두려움'이 아닌 '위로'가 되려면 어떤 조건이 필요할까요?

- 환자에게 '누군가 내 편이 되어 준다'는 믿음이 왜 중요할까요?

왜 공공 의료를
강화해야 하나요?

몸이 아프면 병원을 찾습니다. 열이 나고 기침이 나면 진료를 받고 약을 처방받습니다. 다리가 부러지거나 상처가 나면 응급실을 찾아 치료받지요. 아프면 병원에 가서 고치는 것이 너무나 당연하게 여겨집니다. 그런데 정작 병의 원인에 대해서는 잘 생각하지 않아요. 병의 원인은 개인의 체질이나 생활 습관 때문만이 아닙니다. 어떤 병은 일하는 환경과 지역적 조건에서 비롯되기도 합니다. 그래서 병을 제대로 고치려면 일회적 치료로 끝나서는 안 됩니다. 그 배경을 조사하고 미리 원인을 없애야 합니다.

예를 들어 매일 위험한 화학 물질을 다루는 사람이 피부병이나 호흡기 질환을 겪는다면 그것은 단순한 개인 질환이 아니라

'직업병'일 수 있습니다. 마찬가지로 오염된 공기와 큰 소음 속에서 살아가는 지역 주민이 만성 두통이나 호흡 곤란을 호소한다면, '환경 질환'일 가능성이 큽니다. 이처럼 증상은 개인의 몸에 나타나지만 그 뿌리는 사회적 환경인 경우가 많습니다.

우리는 여전히 병을 개인의 책임으로 돌리는 경향이 있습니다. 당연히 병원비도 본인이 부담해야 한다고 여깁니다. 하지만 이런 방식으로는 치료가 어려운 병이 있습니다. 병을 일으킨 환경을 바꾸지 않으면 약을 먹어도 그때뿐입니다. 반복되는 재발, 그로 인한 사회적 고립은 환자를 더 힘들게 만듭니다.

이에 의료의 관점을 바꾸려는 움직임이 시작되었습니다. 당장의 증상을 치료하는 데 그치지 않고, 병이 생긴 환경과 조건 그리고 사회적 원인까지 함께 살피자는 것입니다. 일터와 주거 환경, 경제적 여건 등을 두루 살펴야 근원적인 해결책을 마련할 수 있다고 보기 때문입니다. 이는 다양한 전문가들의 협력을 요구합니다. 그래서 녹색병원은 의사와 간호사뿐 아니라 사회복지사, 산업의학 전문가, 심리상담사 등이 함께 팀을 이루어 일합니다. 치료비 지원, 고용 조건, 주거 문제, 사회적 차별 등을 점검하면서 '삶 전체'를 돌보려는 시도를 계속합니다.

병은 단지 몸의 문제가 아닙니다. 그 사람이 살아가는 조건과 구조에서 비롯된 결과일 수 있습니다. 병원이 아픈 사람을 치료한다면 사회는 그 사람이 다시 아프지 않도록 도와야 합니다. 실제로 의학적 처방만으로는 해결되지 않는 경우가 많습니다. 무리한 노동, 열악한 주거 환경, 과도한 스트레스, 경제적 빈곤이 병을 더 깊게 만들기 때문입니다. 그 모든 책임을 환자 개인에게 짐 지우는 것은 너무도 가혹한 일입니다. 건강은 개인의 노력만으로 지킬 수 없습니다. 사회 전체가 함께 책임져야 할 일입니다.

누구나 치료받을 수 있도록 공공 의료를 강화하고, 일터의 안전을 보장하며, 아픈 사람을 지원하는 복지 제도를 마련해야 합니다. 그래야만 아프더라도 두려움 없이 병원을 찾을 수 있습니다. 병은 혼자 고칠 수도 감당할 수도 없습니다. 우리 사회가 함께 몸의 회복은 물론 삶의 회복까지 생각할 때 비로소 진정한 치유가 시작될 것입니다.

· 병이 왜 개인의 문제가 아니라 사회의 문제일 수 있을까요?

· 병에 걸린 사람이 홀로 책임지지 않아도 되는 사회는 어떤 모습
  일까요?

· 일터, 주거 환경, 지역 사회에서 건강을 지키기 위해 바꿔야 할
  점은 무엇일까요?

의료인이 되려는 청소년에게

임상혁(녹색병원 원장)

많은 청소년이 의료인이 되길 희망합니다. 사회적으로 인정받는 안정적인 직업으로 생각하기 때문입니다. 실제로 의료인은 여러모로 매력적인 직업입니다. 새로운 지식과 기술을 습득하고, 이를 바탕으로 환자를 치료하면서 자기 발전을 해 나갈 수 있습니다. 보람도 있습니다. 큰 병에서 완치된 환자가 기뻐하는 모습을 보면 의료인이 되기를 잘했다는 생각이 듭니다. 의료인은 환자의 건강과 생명을 보호하는 일을 합니다. 그만큼 한 사람의 삶에 큰 영향을 미치는 존재입니다.

의료인으로서 가장 중요한 임무는 사회적 약자를 보호하는 것입니다. 사람의 생명은 소중하기에 경제적인 이유로 치료받을 권리를 차별받아서는 안 됩니다. 힘없고 어려운 사람들이 인종, 종교, 학력 등과 상관없이 치료받을 수 있어야 합니다. 이를 위한 의료인의 활동은 더 나은 사회를 만드는 데 기여합니다. 이처럼 의료인은 안정적인 직업일 뿐 아니라, 일을 통해 자신을 계발할 수 있는 직업입니다. 타인에 도움을 주는 존재이고, 더 나은 사회를 만드는 데 기여하는 존재입니다.

저는 의사가 된 지 30년이 넘었습니다. 짧지 않은 기간 의사로서의 활동을 돌아보면서 의료인을 희망하는 청소년에게 다음과 같은 조언을 드립니다.

의료인이 되려면 공부를 잘해야 한다고들 하는데, 어느 정도 맞는 말입니다. 영어 논문을 읽을 정도의 언어 실력과 생물학, 화학, 수학의 기초가 있으면 좋습니다. 그렇지만 영재나 천재여야 할 필요는 없습니다. 그런 학생보다는 책임감과 꾸준함이 있는 학생이 의료인에 적합합니다. 인체와 질병에 대한 새로운 지식과 기술을 습득하고, 이를 정확하고 신속하게 적용하려면 공부를 계속해야 합니다.

의료인은 사람의 생명을 다루는 직업이기에 학업 성적보다 책임감과 윤리 의식이 중요합니다. 오늘날 의학·의료의 발전이 유전자 영역에까지 도달한 상황에서 인간의 존엄성과 인권에 대한 존중은 기본이 되어야 합니다. 우리는 전쟁 중에 독일의 의학자가 아우슈비츠에서 학살에 동참하고 일본의 저명한 의학자가 731부대에서 인체 실험과 생체 해부 같은 비인도적 행위로 학살에 동참한 사실을 알고 있습니다. 오늘날 한국에서도 의료인의 비윤리적 행동이 언론에 많이 오르내리고 있었습니다. 의료인이라면 이를 경계해야 합니다.

인권을 존중하고 윤리 의식을 높이는 가장 좋은 방법은 '책을 읽는 것'입니다. 책은 인간의 삶과 문화를 담고 있습니다. 책을 읽으면서 교양과 인격을 함양하고, 지혜로운 인간으로 성장할 수 있습니다. 또한 책은 인생의 방향성을 제시해 주는 역할을 합니다. 책을 읽으면서 인생을 고민하고, 자기 삶을 더욱 의미 있게 할 수 있습니다.

의료인은 환자의 의견을 경청하고, 그들의 고통과 어려움을 이해하고, 사회적 약자를 보호해야 합니다. 환자가 이해할 수 있는 쉬운 말로 설명하고 위로와 격려를 전해야 합니다. 또한 의료인의 행동이 사회 전반에 큰 영향을 미칠 수 있기에 그 책임을 다해야 합니다. 그래야 환자와 사회로부터 신뢰를 얻을 수 있습니다. 이를 위한 가장 좋은 방법은 '봉사 활동'입니다.

봉사 활동을 통해 타인과 소통하고, 이해하고, 협력하는 법을 배우고 새로운 경험과 도전으로 자기 잠재력을 발견하고 성장할 수 있습니다. 사회적 아픔에 공감하고 문제 해결에 참여함으로써 자기 삶의 진로를 찾고, 만족과 보람을 느낄 수 있습니다. 저는 노인 복지와 관련된 봉사 활동, 어린이 교육 봉사 활동, 환경 보호 봉사 활동, 해외 개도국 봉사 활동 등을 추천합니다. 이 밖에도 많은 봉사 활동이 있으니, 본인이 원하는 것을 찾아서 하면 됩니다. 의료인을 꿈꾸는 청소년이라면 마땅히 사회적 책임 의식과 타인을 배려하고 함께하려는 따뜻한 마음을 기르면 좋겠습니다.

사진 출처 및 페이지